행복 컴퍼니 휴넷 스토리

# 행복 컴퍼니 휴넷 스토리

⊙ 조영탁 지음 ⊙

프롤로그

# 좋은 회사를 넘어 위대한 회사로

"지난 15년 동안 여러분의 헌신적 노력에 힘입어 우리 휴넷은 좋은 회사가 되었습니다. 그러나 좋은 것은 위대한 것의 적입니다. 좋은 회사에서 만족하지 말고 함께 힘을 합쳐 위대한 회사, 그레이트 휴넷 Great HUNET을 만들어가기 위한 새로운 도전을 힘차게 시작합시다. 좋은 회사를 만드는 것은 남산을 올라가는 것과 같습니다. 위대한 회사를 만드는 것은 에베레스트를 등정하는 것과 같습니다. 남산은 아무 때나 아무 준비 없이 편안한 마음으로 올라갈 수 있지만 보람은 크지 않습니다. 에베레스트에 올라가려면 엄청난 준비가 필요하고 경우에 따라서는 목숨까지도 위협받는 상황에 직면할 수 있습니다. 그러나 에베레스트를 등정하는 것은 그 무엇과도 바꿀 수 없는 최고의 성취감을 주고, 일생일대의 기념비적인 멋진 경험이 될 것입니다. 우리가 만들어갈 그레이트 휴넷의 모습은 사업적으로는 세계 일등 교육 기업이요. 경영적으로는 행복경영을 진실로 구현하는 것입니다."

2014년 10월 9일 한글날, 휴넷 창립 15주년 기념 한마음 운동회에서 한 축사입니다. 'Good to Great, 위대한 휴넷'을 선언한 이후 지난 3년간 숨 가쁘게 달려왔습니다. 이제는 행복경영이 어느 정도 완성된 느낌입니다.

2003년 어느 날이었습니다. 갑자기 이런 생각이 들었습니다. 급변하는 세상에서 100년 넘게 초일류 기업으로 남아있으려면 어떻게 해야 할까? 우리가 평생 동안 가꿔가야 할 경영 모델은 무엇인가? 한국적 특성에 맞는 경영 방식은 어떤 것일까? 경영자가 존경받고 신뢰받는 기업은 과연 가능할까? 이해관계자 모두로부터 사랑받는 기업을 만들 수는 없을까? 고민에 고민을 더했습니다. 1년여를 투자하여 처음부터 다시 경영을 공부했습니다. 그렇게 해서 탄생한 것이 행복경영입니다.

기업의 목적은 이익 극대화가 아니라 기업을 둘러싼 다양한 이해관계자의 행복 극대화라고 새롭게 정의했습니다. 돈을 벌기 위해서 사업을 하는 것이 아니라, 고객들의 불편함을 해소하고 세상을 더 살기 좋은 곳으로 만들어가기 위한 노력을 하다보면 자연스럽게 회사에도 이익이 된다는 의미의 '자리이타自利利他'를 행복경영 이념으로 삼았습니다. 주주보다는 고객의 행복을, 고객보다는 직원의 행복을 우선 추구해야 한다는 직원 행복 최우선의 원칙을 세웠습니다. 이것이 바로 세계 최초로 만들어진 한국 고유의 경영 모델, 행복경영의 핵심입니다. 다소 이상적이지만 행복경영이 구현될 때 비로소 고객과 직원을 비롯한 사회 구성원들의 존경과 신뢰를 받을 수 있고, 그들의 협력과 응원에 힘입어 영원히 초일류 기업의 길을 걸을 수 있게 됩니다. 행복경영을 제대로 실천해야만 좋은 기업을 넘어 위대한 기업으로 발돋움하게 됩니다.

행복경영 모델을 완성하고 나서 행복경영의 이상을 현실화시키기 위해 다양한 노력을 해왔습니다. 휴넷은 이를 위한 하나의 전초기지이자 실험실 역할을 했습니다. 이윤 극대화가 아닌 이해관계자 행복 극대화라는 목적을 정관에 삽입했습니다. 회사의 사명과 비전에 행복경영 이념을 반영했습니다. 행복경영 이념에 충실한 핵심가치와 휴넷웨이를 만들고 이를 준수하기 위해 최선을 다했습니다. 핵심가치를 훼손할 위험이 있는 분야의 매출과 이익은 과감히 포기했습니다. 직원 행복을 위해 많은 노력을 해왔고 그만큼 많은 실패와 시행착오를 겪었습니다. 사업 방향과 상품 개발에도 행복경영의 원칙을 적용했습니다. 매출 증대보다는 고객의 가치를 우선하는 원칙을 견지해왔습니다. 만족한 직원이 행복한 고객을 만들고, 행복한 고객이 주주의 행복에 도움이 된다는 가설을 증명하기 위해 노력했습니다. 많은 유혹이 있었습니다. 거듭 시행착오를 겪기도 했습니다. 그러나 수많은 유혹과 시행착오에도 불구하고 단 한순간도 행복경영의 궤도에서 이탈하지 않으려 노력했다고 자부합니다.

아직도 부족한 점이 많지만, 이제는 휴넷이 추구해온 행복경영을 세상에 알릴만하다고 생각했습니다. 모두가 행복한 세상을 만드는 데에 조그마한 힘을 보태고 싶었습니다. 지난 18년 동안의 행복경영철학, 휴넷웨이, 사명과 비전, 다양한 경험과 수많은 시행착오, 미래에 대한 꿈을 담고 싶었습니다. 살아있는 휴넷 이야기를 가감 없이 진솔하게 쓰려고 노력했습니다. 100퍼센트 제 철학과 생각, 그리고 기억에 의존해 작업했습니다. 집필을 위해 단 한권의 서적도 참고하지 않았습니다. 인터넷 검색을 포함한 어떠한 외부자료도 찾지 않았습니다.

《행복 컴퍼니, 휴넷 스토리》는 성공담이 아닙니다. 과거의 고민과 경험을 나누고, 함께 미래를 설계해나가기 위한 논의의 장이 되었으면 하는 바람입니다. 15여 년에 걸친 실전 경험을 통해 성공할 수 있다는 확신을 갖게 된 행복경영을, 이제는 독자 여러분과 함께, 이 땅의 경영자분들과 함께 나누고 싶습니다. 그리고 모두의 힘과 지혜를 모아 한 단계 업그레이드할 수 있기를 간절히 바랍니다.

행복 컴퍼니 휴넷을 만들어온 모든 과정 하나하나는 내가 존경하고 사랑해마지않는 휴넷 가족들과 함께 했습니다. 이 자리를 빌려 진심어린 감사를 드리고 싶습니다.

조영탁

차례

프롤로그: 좋은 회사를 넘어 위대한 회사로 … 4

## 1장 · 가치와 철학, 영혼이 살아 숨 쉬는 회사를 만들다
1. 휴넷웨이로 승부한다 … 13
2. 기업의 목적은 이윤 극대화가 아닌 이해관계자 행복 극대화다 … 19
3. 에듀테크 교육 혁명으로 모두가 행복한 세상을 만든다 … 29
4. 세계 일등 교육기업, 행복한 성공 파트너 … 39
5. 가치판단의 기준을 세우다 … 47

## 2장 · 직원 행복 최우선의 원칙
1. 월요일이 기다려지는 회사 만들기 … 55
2. A급 인재만 채용하라 … 68
3. Leadership is everything … 78
4. 매직 플러스, 직원 행복의 해답을 찾다 … 88
5. 세상에서 가장 많이 공부하는 회사 … 94
6. 많으면 많을수록 좋다, 소통 극대화 … 104
7. 수시로 미래형 경영을 실험한다 … 113
8. 100세 정년, 평생직장을 꿈꾸다 … 125

## 3장 · 문화가 경쟁력이다

1. 사장실이 없는 회사, 수평문화가 답이다 … 137
2. 믿고 맡기면 스스로 주인이 된다 … 146
3. 피할 수 없으면 즐겨라 … 154

## 4장 · 자리이타, 남을 먼저 이롭게 하라

1. 원칙에 맞는 사업만 한다 … 165
2. 일 년에 네 번 사업계획을 수립한다 … 176
3. 열광하는 팬을 만들다 … 183
4. 중국, 교육한류의 꿈을 펼치다 … 198
5. 행복경영을 널리 퍼뜨리다 … 213
6. 윤리경영을 넘어 모범경영으로 … 224

## 5장 · 미리 가본 교육의 미래, 경영의 미래

1. 에듀테크 교육 혁명, 휴넷이 만들어가는 교육의 미래 … 235
2. 플랫폼과 생태계로 승부한다 … 245
3. 세계 일등 교육기업을 향해 … 260
4. 또 하나의 꿈, 경영한류 … 269

에필로그: 행복한 기업을 넘어 행복한 사회로 … 275

1장
가치와 철학, 영혼이 살아 숨 쉬는
회사를 만들다

# 1
# 휴넷웨이로 승부한다

**이익 추구 포기를 정관에 명시하다**

"우리는 이익 극대화가 아닌 직원, 고객, 사회, 주주를 포함한 모든 이해관계자의 행복 극대화를 목적으로 한다. '남을 먼저 이롭게 함으로써 나도 이롭게 된다'는 자리이타의 행복경영 이념을 바탕으로 고객의 행복한 성공을 돕는 것이 우리의 핵심 철학이다. 우리는 '에듀테크 교육 혁명으로 모두가 행복한 세상을 만든다'는 사명을 달성하기 위해 매진한다. 우리는 직원 행복을 최우선으로 하며, 이렇게 행복한 직원들이 고객의 행복을 위해 최선을 다하고 그 결과 주주도 행복해지는 선순환을 통해 이해관계자의 행복경영을 실천한다."

2017년 주총 결의를 통해 정관^(定款) 서문에 새롭게 삽입한 내용이다. 첫째, 회사의 목적이 이익 극대화가 아닌 이해관계자 행복 극대화에 있다는 사실을 정관에 못 박았다. 그 다음에 자리이타의 행복경영 이념을 공개적으로 천명했다. 또한 '에듀테크 교육 혁명으로 모두가 행복한 세상을 만든다'라는 우리의 사명을 적시했다. 아울러 직원 행복 최우선 원칙이라는 핵심가치 역시 정관에 포함시켰다. 이처럼 기업의 목적과 사명, 경영 이념과 핵심가치를 정관 서문에 적시한 회사는 휴넷이 유일하리라 믿고 있다. 우리가 휴넷웨이를 얼마나 중요시하는지 알리는 상징적 의미가 있다.

대기업 중에서도 자사의 비전과 사명, 핵심가치, 경영철학을 체계적으로 정리한 경우가 많지 않다. 중소기업은 말할 것도 없다. 간혹 고유의 경영 방식을 체계적으로 완비했다 하더라도 제대로 작동하는 경우는 찾아보기 힘들다. 30주년, 50주년을 맞아 비전과 사명 등을 새롭게 정비하여 액자에 담아놓긴 하되 전시용에 불과한 경우가 태반이다.

### 휴넷웨이가 기준이다

나는 사업 초창기부터 경영철학, 비전과 사명, 핵심가치를 포함한 휴넷웨이를 무엇보다 중요하게 생각해왔고, 그만큼 시도 때도 없이 이를 직원들에게 강조해왔다. 사무실, 회의실, 홈페이지 등 눈에 띄는 곳이면 어디든 그 내용을 붙여서 누구나 다 알 수 있도록 했다.

하지만 사장이 그렇게 중요하게 생각하고 또 강조함에도 불구하고 직원들이 휴넷웨이를 그대로 준수하는 것은 차치하고 그 내용을 기억하지도 못하는 경우가 다반사였다. 2005년경으로 기억한다. 이런 실태에 경종을 울릴 필요가 있다고 생각해 당시 마케팅 본부 직원 20명 전원을 점심식사 30분 전에 대회의실로 불러모아 단답형 시험을 보게 했다.

'휴넷의 비전은? 휴넷의 사명은? 휴넷의 핵심가치는? 휴넷의 인재상은?'

물론 익명으로 시험을 치렀다. 모 직원이 사명使命을 회사 이름社名으로 착각해 '㈜휴넷'이라 적은 웃지 못할 해프닝도 있었다. 타 부서 직원들도 언제 시험을 볼지 몰라 휴넷웨이 내용을 외우는 진풍경이 벌어지기도 했다.

오늘의 휴넷이 다른 회사와 조금이라도 차이가 있다면 그것은 휴넷웨이 때문이다. 조금이라도 성공적인 기업으로 인식된다면 그 역시 휴넷웨이 덕분이다. 앞으로 우리가 좋은 기업을 넘어 위대한 기업, 그레이트 휴넷을 만들어 가는 데에도 역시 휴넷웨이가 핵심적인 역할을 할 것이다.

'남을 먼저 이롭게 함으로써 내가 이롭게 된다'라는 자리이타 행복경영 이념과 철학, '에듀테크 교육 혁명으로 모두가 행복한 세상을 만든다'라는 사명, '세계 일등 교육기업, 행복한 성공 파트너 휴넷'이라는 비전, 그리고 '직원 최우선의 원칙', '고객 행복 컴퍼니',

'모범 컴퍼니', '일등 컴퍼니'라는 핵심가치로 구성된 휴넷웨이가 바로 휴넷의 영혼이고, 우리 사업의 중심축 역할을 해왔다. 지금까지 휴넷웨이에 맞는 사업만을 골라, 휴넷웨이에 맞는 방식으로 사업을 전개했다. 이는 경영진을 포함한 전 직원의 가치판단과 의사결정의 기준이 되었다. 내가 휴넷웨이를 지키지 못한다면 나는 사장으로서 자격이 없고, 휴넷웨이가 사라진다면 휴넷은 존재 가치를 상실하게 된다.

**포기할 수 없는 길, 휴넷웨이**

우리는 휴넷웨이의 일환으로 늘 고객가치가 매출보다 중요하다고 강조해왔다. 그러나 일선에선 제대로 지켜지지 않은 사례가 가끔 나오기도 한다. 경영 현장에서 휴넷웨이를 지키기 위한 노력을 엿볼 수 있도록, 최근에 전 직원에게 직접 보낸 메일을 가감 없이 그대로 옮겨 적어본다.

> '영업은 매출이 인격이다'라는 말이 있습니다. 작년까지는 저도 별 생각 없이 무의식적으로 영업대표들에게 이 이야기를 했습니다. 그뿐만 아니라 영업 인센티브 등 모든 것을 매출지상주의에 가깝게 운영했습니다. 매출을 확대하는 것이 곧 우리의 비전과 사명을 달성하는 길이라 생각했습니다.
> 어느 순간 '아차' 하는 생각이 들었습니다. 앞으로 휴넷에서는 '매출

이 인격이다'라는 말을 쓰지 말자고 했습니다. 고객에게 가치를 제공하고 성장을 지원하고 그들의 행복한 성공을 지원하는 것이 곧 인격이고 그것이 매출보다 더 중요하다고 했습니다. 만약 그런 가치가 훼손되면 과감히 매출을 포기하자고 했습니다.

매출 감소와 목표 미달에 대한 책임은 제가 집니다. 너무 오랫동안 관행적으로 매출 중심 사고를 해와서 하루아침에 쉽게 바뀌지는 않겠지만 확실하게 바꿔갈 계획입니다. 임원들 대상으로 벌써 세 번에 걸쳐 강력하게 이야기를 하고 있습니다. 고객이 우리의 진정성과 가치를 느낄 때 자연스럽게 매출은 결과로써 따라올 거라 믿습니다.

– 조영탁 dream


직원들 중 일부는 휴넷웨이가 다소 복잡하다고 문제 제기를 하기도 한다. 휴넷웨이 관련 활동이 너무 많아 고유 업무에 지장을 초래한다는 불평도 간혹 있다. 그러나 어느 것 하나 포기할 수는 없다. 더 쉽고 자연스럽게 받아들이며 함께 숨 쉴 수 있도록 더 자주 이야기하고, 필요한 교육을 더 많이 하고, 경영층부터 솔선수범하는 수밖에 없다.

휴넷웨이에 맞는 인재를 채용하고, 휴넷웨이에 맞춰 평가해 승진시키고 보상하고, 휴넷웨이에 맞지 않으면 자신의 길을 가게 해야 한다. 인사와 조직 관련 의사결정을 휴넷웨이에 맞게 하고, 그에 맞는 기업문화를 배양하는 등 모든 경영 현장에서 이를 적용하여 휴넷웨이가 살아 움직이게 해주어야 한다.

매년 60여 명씩 입사하는 신입직원 교육에서는 반드시 내가 직접 90분 정도 휴넷웨이 강의를 한다. 휴넷웨이 교육을 위해 '세상을 바꾸는 휴넷 스토리'라는 두 시간짜리 온라인 교육 과정 개발에 2,500만 원을 투자하기도 했다.

도산 직전에 있던 일본항공[JAL]에 구원투수로 임명된 이나모리 가즈오 교세라 회장이 가장 중점을 두고 한 일이 수백 가지에 이르는 핵심가치와 경영원칙을 설정하고 그것을 철저하게 교육하는 일이었다. 놀랍게도 중견간부들이 새로운 핵심가치와 경영원칙에 맞게 움직이자 일본항공은 불과 2~3년 만에 기적적으로 정상화되었다. 그만큼 가치와 원칙이 중요하다.

창업 초기부터 휴넷웨이를 제대로 구축하고 이를 현장에서 적용시키기 위해 최선의 노력을 다했다. 창립 10주년인 2009년에는 1년간 태스크포스를 꾸려 시대의 흐름에 맞춰 이를 재정비했다. 그리고 2014년 말 창립 15주년을 맞아 그레이트 휴넷을 선언한 이후 휴넷웨이를 다시 조율하는 작업을 거쳐 오늘에 이르렀다.

다음 장부터 휴넷웨이의 근간이라 할 수 있는 행복경영, 휴넷의 사명과 비전, 핵심가치에 대해 자세한 스토리를 들려주기로 한다.

## 2
## 기업의 목적은 이윤 극대화가 아닌 이해관계자 행복 극대화다

"십수 년 전 조 대표께서 행복경영을 주창하셔서 매우 의아하게 생각했습니다. 평상시 전략적 사고를 바탕으로 늘 합리적으로 회사를 잘 이끌어가고 있다고 생각했는데 느닷없이 행복이라니, 이윤을 추구하는 기업에 '행복'이라는 단어가 가당키나 한 말인가 하고 생각했습니다. 그러나 지금 돌이켜보니 조 대표의 통찰이 놀랍다는 생각이 듭니다. 연구팀을 꾸려 행복경영을 연구하고, 그 결과를 국내외 저널에 널리 알리고 싶습니다."

얼마 전 친분이 있는 저명한 경영학 교수가 찾아와 휴넷의 행복경영 사례 연구를 하고 싶다고 제안을 했다. 흔쾌히 동의했다.

행복경영은 휴넷의 대표 브랜드다. 내가 직접 그 개념과 모델을 창안했고, 이를 현실에 적용시키기 위해 십수 년을 투자했다. 이제 행복경영에 확신을 갖게 되어, 대한민국의 많은 기업에 이를 확산시키기 위한 노력을 기울이고 있다.

**휴넷만의 경영 모델을 찾아서**

1999년 창업 이래 초보 경영자임에도 불구하고 경영엔 어느 정도 자신이 있었다. 1985년 대학에 입학해 경영학을 전공했고, 1988년 말 대기업에 입사하여 구매, 회계, 영업, 기획 파트에서 다양한 실전 경험을 쌓았으며, 그룹 회장 부속실로 이동 후 지근거리에서 회장단을 모시며 전략적 사고를 배양할 수 있는 좋은 기회를 가졌다. 또한 신입사원 때부터 최고경영자를 목표로 나름 많은 준비를 해왔다. 직장생활과 병행해서 서울대 경영대학원에서 국제경영전략으로 석사학위를 취득했으며, 동시에 공인회계사 시험에 합격하기도 했다. 경영서적만 해도 수천 권을 읽었다. 30년 넘게 경영을 공부했기 때문에 경영을 잘 안다고 생각했고, 회사를 번듯하게 성공시킬 자신이 있었다.

그러나 현실은 녹록지 않았다. 창업 이래 수년간 매년 말이 한 해를 돌아보며 자괴감에 빠지곤 했다.

"올해는 수많은 시행착오를 통해 많이 배웠으니 내년엔 훨씬 더 잘할 수 있을 거야."

그러나 1년 후에 어김없이 똑같은 후회를 반복하곤 했다. 3~4년 동안 이러기를 거듭하다보니 뭔가가 이상했다. 내가 경영을 제대로 알지 못하고 있는 것이 분명했다. 어차피 앞으로도 계속해서 경영을 해야 하니, 이참에 경영을 새롭게 공부하기로 작정했다. 앞으로 평생 동안 추구해나갈 나만의 고유한 경영 모델, 우리 휴넷이 세계 최고의 기업으로 성장해나가기 위한 경영방법론을 만들어 놓고 싶었다. 그때가 2003년이었다.

나는 한 분야를 공부하기로 작정하면 해당 분야의 책을 일단 50~100권 정도 사 모은 다음 한 권씩 독파해나가는 방식을 쓴다. 피터 드러커, 짐 콜린스, 톰 피터스, 존 코터, 게리 하멜 같은 세계적 경영학자와 컨설턴트의 책을 다시 읽기 시작했고, IBM, GE, 마이크로소프트, 애플, 스타벅스, 사우스웨스트항공, 소니, 교세라, 파나소닉, 노키아, 삼성을 포함한 초일류기업의 경영을 심층적으로 분석했다.

동시에 빌 게이츠 MS회장, 스티브 잡스 애플 창업자, 잭 웰치 GE 회장, 존 체임버스 시스코 회장, 샘 월턴 월마트 창업회장, 하워드 슐츠 스타벅스 창업회장, 마쓰시타 고노스케 파나소닉 창업자, 이나모리 가즈오 교세라 회장, 모리타 아키오 소니 회장, 요르마 올릴라 노키아 회장, 리처드 브랜슨 버진그룹 회장, 허브 캘러허 사우스웨스트항공 회장과 같은 세계적인 경영자들에 관한 책을 닥치는 대로 사서 읽었다. 그리고 1년여 노력 끝에 행복경영이라는 고유한 경영 모델을 창안했다.

### 이윤 극대화가 정말 기업의 목적일까?

가장 먼저 주목한 것은 기업의 목적에 관한 것이었다. 모든 경영학 원론 교과서에 한결같이 기술되어 있는 명제, 즉 '기업의 목적은 이윤 극대화다'라는 서술에 문제가 있음을 직감했다.

기업의 목적이 이익 극대화가 되면 몇 가지 심각한 문제가 발생한다. 우선 이익 극대화만을 추구하다보면 직원들을 제대로 대접하지 못하게 된다거나, 고객들을 속여서라도 이익만을 추구하는 악덕 기업이 될 수도 있다. 즉 착한 이익이 아닌, 나쁜 이익 극대화로 흐를 가능성이 높아진다. 악덕 기업, 나쁜 이익은 단기적으로는 가능하지만 지속적인 성장 발전에는 독이 된다.

또한 경영자가 단기 이익에 매몰되면 장기적 성장 발전에 도움이 되는 여러 가지 무형자산에 대한 투자에 소홀해지게 된다. 사람에 대한 투자, 기술과 R&D 투자, 품질관리, 고객만족과 고객 관계 관리, 브랜드와 평판, 사회적 책임, 윤리경영 등은 장기적 성장에는 도움이 되지만 비용으로 잡혀 당장의 손익에는 마이너스 영향을 미치게 된다.

이익 극대화가 아니면 기업의 목적은 무엇이 되어야 하는가? 고민 끝에 기업은 사람으로 구성되었다는 평범한 사실에 주목하게 되었다. 주주는 물론이고 고객과 직원을 포함한 기업의 이해관계자는 결국 모두가 사람이라는 공통점을 갖고 있었다.

그렇다면 사람의 목적은 무엇일까? 아리스토텔레스는 "사람의 목적은 행복 극대화"라 말했다. 결국 기업도 기업을 둘러싼 다양한 이해관계자의 행복을 극대화하는 것을 목적으로 삼아야 한다는 깨달음을 얻었다. 포드자동차를 창업한 헨리 포드는 100년도 전에 "봉사를 중시하는 사업은 번영하고 이득을 중시하는 사업은 쇠퇴한다"라고 말했다. 사랑에 눈을 뜨고 이타심으로 살아가라고 예수도 석가모니도 설파했다.

경영도 마찬가지다. 나 한 몸의 이익을 꾀하는 이기심 대신 이타의 마음으로 직원의 행복을 추구한다면 직원들은 기쁜 마음으로 최선을 다해 일하게 된다. 고객이 기뻐 할 일을 먼저 해준다면 고객은 회사를 더욱더 응원해줄 것이고 회사는 직원과 고객의 도움을 받아 지속적으로 성장 발전하게 된다.

### 행복경영 원칙 1: 자리이타

이해관계자 행복 극대화를 목적으로 하는 행복경영의 핵심은 다음 두 가지다.

첫째, '남을 먼저 이롭게 함으로써 내가 이롭게 된다'는 자리이타 정신이다. 머크 사 전 회장인 조지 윌리엄 머크는 이렇게 말했다.

"의약품이란 환자를 위한 것이지 결코 이윤을 위한 것이 아니다. 이윤이란 부수적인 것에 불과하다. 우리가 의약품을 열심히 개발하는 것은 돈을 벌기 위해서가 아니다. 고통에 시달리고 있는 환자와 그 가족들을 어떻게 하면 빨리 고통에서 해방시킬 수 있는가

만 고민하며 좋은 약품을 개발한다. 그렇게 되면 자연히 환자가 우리 약품을 선택하고, 결과적으로 우리도 돈을 벌게 된다. 이것이 머크의 경영 이념이다."

돈을 벌기 위해서 사업을 하는 것이 아니라 고객들의 불편을 먼저 해결해주기 위해, 더 좋은 세상을 건설하기 위해 열심히 노력하다보면 그 정성이 자연스럽게 고객 감동으로 이어져 회사의 이익으로 돌아온다는 것이다. 불교에서 말하는 자리이타와 같은 개념이다. 이것이 바로 행복경영의 이념이다.

"나는 신사업을 벌이는 것을 좋아한다, 우리가 시도한 사업 중 실패한 사업과 성공한 사업은 각각 공통점이 있다. 돈을 벌겠다고 시작한 사업은 대부분 실패한 반면, 고객의 채워지지 않은 욕구를 해결해주기 위해 시작한 사업은 대부분 성공했다."

2002년 〈한국경제〉와의 인터뷰에서 이렇게 말한 박성수 이랜드 회장의 이야기도 맥을 같이한다.

휴넷은 머크 사 경영 이념을 적용해 행복경영 이념을 정리했다.

"우리는 이윤 추구가 아닌, 모든 사람들이 스스로의 잠재력을 최대로 계발하여, 그 자신과 가정, 국가와 사회 모두가 행복한 성공을 누릴 수 있도록 돕기 위해 사업을 하는 것이다. 이익은 부수적인 것이다. 우리가 이 사실을 망각하지 않는 한 이윤은 저절로 나타나게 마련이다. 이것이 휴넷의 행복경영 이념이다."

## 행복경영 원칙 2: 직원 행복이 최우선

행복경영의 두 번째 핵심은 다양한 이해관계자 중에서 직원의 행복을 최우선적으로 고려해야 한다는 직원 최우선의 원칙이다.

1997년 IMF 외환위기 이후 우리 기업들은 그동안의 경영 방식에서 벗어나 글로벌 스탠더드를 받아들이기 시작했다. 글로벌 스탠더드 중에 대표적인 것이 바로 '기업가치 극대화'라는 화두였다. 그러나 기업가치 극대화는 주주가치 극대화, 즉 이익 극대화를 다르게 표현한 말에 불과하다. 조금 더 앞선 경영자들은 기업가치 극대화 대신 고객만족 경영을 내세운다. 즉 고객만족을 경영의 최우선 순위에 두는 것이다. 고객이 만족해야만 기업이 생존할 수 있으므로 너무나 당연한 접근이다.

그러나 몇몇 경영자들은 고객보다 직원을 먼저 대접해야 한다고 말한다. 스타벅스 하워드 슐츠 회장, 샘 월턴 월마트 창업회장, 허브 캘러허 사우스웨스트항공 회장은 한목소리로 주장한다.

"우리 회사의 최우선 순위는 직원들이다. 그 다음 순위는 고객만족이다. 종업원이 행복하면 고객만족을 위해 최선을 다하게 되어 고객도 행복해진다. 이 두 목표가 먼저 이뤄져야만 주주들에게 장기적인 이익을 안겨줄 수 있다."

처음에는 이들이 용기 있는 경영자라 생각했다. 회사에 투자해주고 자신을 임명한 주주보다 먼저 고객을 내세우고, 회사에 수익을 가져다주는 고객보다 직원을 우선한다고 공개적으로 천명하는 것은 큰 용기를 필요로 하기 때문이다. 그러나 이제는 이들이 용기 있는 경영자라기보다는 지혜로운 경영자라 생각한다.

기업의 성공은 직원의 상상력과 열정이 결정한다. 얼마나 우수한 인재를 채용하느냐, 직원들이 얼마나 몰입해서 헌신적으로 일해 주느냐에 따라 기업의 성패가 결정된다. 직원 최우선의 원칙을 통해 직원이 행복한 회사가 만들어지면 S급 인재들이 앞다투어 합류하게 되고, 또한 주인의식을 갖고 몰입해서 탁월한 성과를 창출하게 된다. 직원 행복이 고객 행복보다 더 중요한 이유다.

그러나 경제 논리를 떠나서라도 직원 행복을 최우선해야겠다는 생각을 하게 되었다. 인생의 소중한 시간을 나와 함께 보내는 직원들이 행복하지 않고 또 그들의 성장을 도울 수 없다면, 회사가 돈을 벌어서 무엇을 하겠느냐는 생각이 많이 들었다. 경영자와 회사의 첫 번째 임무, 즉 나의 첫 번째 임무는 바로 직원의 행복과 성장을 돕는 일이어야 한다는 생각을 갖게 되었다.

## 행복경영 실현을 위한 기나긴 여정

대가를 바라지 않고 회사와 경영자는 직원을 위해 먼저 최선을 다하고 그렇게 만족한 직원은 고객만족을 위해 최선을 다하게 되면 결과적으로 고객은 우리를 선택하고, 우리의 충성고객이 되고, 우리의 성공을 위해 발 벗고 나서게 되는 선순환의 고리를 만들 수 있다. 주변의 시기와 질투가 아닌 직원, 고객, 일반 사회 대중을 포함한 이해관계자 모두로부터 사랑과 존중, 신뢰를 받으면서 지속적으로 초일류 기업으로 발전할 수 있는 모델, 그것이 바로 행복경영이다.

이와 같이 이윤 극대화 대신 이해관계자 행복 극대화를 목적으로 하고, '남을 먼저 이롭게 함으로써 내가 이롭게 된다'라는 자리이타를 이념으로 하고, 직원의 행복을 최우선으로 추구하는 행복경영 모델을 완성한 뒤 이를 실제 경영 현장에서 꾸준하게 적용해왔다.

물론 수많은 시행착오도 있었다. 직원들의 오해도 많았다. 좋은 모델이지만 너무 이상적이라 현실에서는 적용 불가능하다는 의견도 많았다. 분명히 행복경영을 추구하다보면 단기적으로는 이익이 낮아질 가능성이 크다. 그러나 그 길이 옳은 길이라 믿기에, 또 장기적 관점에선 회사의 성공을 보장해줄 수 있다는 확신이 있기에 오늘까지 꾸준하게 지켜오고 있다. 행복경영을 완전히 정착시킬 수만 있다면 어떤 기업이라도 기하급수적인 성장을 할 수 있으리라 믿는다.

한편 행복경영 모델을 완성한 직후인 2003년 10월부터 '조영탁의 행복한 경영 이야기'라는 메일링 서비스를 통해 더 많은 사람들과 행복경영을 공유하기 위한 작업을 시작했다. 2007년에는 행복경영 모델을 체계적으로 정립한 《행복경영》이라는 책을 발간하기도 했다. 시간이 흐르면서 다행스럽게도 SK를 비롯하여 행복경영에 공감하는 기업들이 많이 늘어났고, 2016년에는 행복경영을 전파하기 위한 무료 최고경영자 과정 '행복한 경영대학'을 개설하여 매년 60여 명의 행복한 경영자를 배출하고 있다. 2017년에는 행복경영을 체계적으로 확산하기 위해 비영리 사단법인 '행복한 경영'을 설립했다. 행복경영을 통해 성공하는 기업들이 많이 배출될 수 있도록 돕는 것은 우리의 또 다른 사명이 되었다.

# 3
# 에듀테크 교육 혁명으로
# 모두가 행복한 세상을 만든다

**기업이 존재해야 할 이유, 사명**

인공지능을 연구하는 서배스천 스런 스탠퍼드대학교 교수는 어느 순간 갑자기 다음과 같은 생각을 하게 되었다.

'나는 지금까지의 인생을 인공지능을 연구하는 데 집중했다. 언젠가는 기계가 인간의 지능을 뛰어넘는 특이점(싱귤래리티$^{singularity}$)에 도달할 것이 확실한데, 그렇게 되면 우리 인간은 기계의 지배를 받게 될 것이 틀림없다. 그렇다면 나는 앞으로는 기계가 인간을 지배하는 시간을 앞당기는 것이 아니라, 인간이 기계의 지배를 받는 시간을 조금이라도 늦추는 데 여생을 바쳐야 하지 않을까?'

서배스천 교수는 이런 생각 끝에 세계 최초의 MOOC$^{Massive\ Open\ Online\ Courses}$인 유대시티$^{Udacity}$를 설립했다. 하버드, 스탠퍼드, MIT 등 세계 최고 수준의 대학 강의를 온라인으로 공개하여 전 세계의 사람들이 무료로 수강케 하는 프로그램이다. 그렇게 함으로써 사람들의 지능이 높아지게 만들어 기계의 지배를 받는 시점을 늦추겠다는 의도였다.

스티브 잡스 이후 세계에서 가장 '핫hot한' 경영자로 인정받는 테슬라의 일론 머스크 회장은 200년 후에 화성에 식민지를 건설하겠다는 목표로 스페이스X 프로젝트에 매진하고 있다. 요즘 같은 추세로 지구 환경이 악화된다면 200년쯤 뒤에는 지구에서 사람이 살 수 없을 것이고 그때를 대비해서 화성에 정착할 수 있도록 미리 기지를 건설하겠다는 야심찬 계획이다. 구글 공동 창업자 래리 페이지는 하늘을 나는 자동차(플라잉 카)를 개발하기 위해 사재 1억 달러를 출연했다. 처음에는 다들 미친 짓이라 할 정도로 무모한 도전으로 보였으나, 하나둘씩 그 결실이 가시화되고 있다. 전통적으로 우주항공사업 등 사회간접자본에 대한 투자는 정부의 몫이었다. 투자 규모가 천문학적으로 크기에 일개 기업들이 할 수 없었기 때문이다. 그러나 이제 상황이 바뀌었다. 정부는 유권자 눈치를 보느라 미래를 위한 거대한 투자에 선뜻 나서지 못하고 있다.

이와 같은 거대한 사명을 일컬어 MTP<sup>Massive Transformation Purpose</sup>라 한다. 거대한 변화를 불러오는 목적, 기존에 존재하지 않았던 혁신적 방식으로 우리 인류의 삶을 더욱 크고 원대하게 바꿔줄 수 있는 변혁<sup>MTP</sup>을 추구하는 기업가들이 많아지고 있다.

그렇다면 왜 일론 머스크, 서배스천 스런, 래리 페이지 같은 실리콘밸리 기업가들은 정작 정부도 하지 못하는 일에 무모하게 나서고 있을까?

공자는 사업을 '하늘과 땅이 서로 거들어 천하의 백성에게 베푸는 것'이라 정의했다. 많은 사람에게 크게 베푸는 것이 사업의 핵심이라는 것이다. 돈(이익)을 뛰어넘는 가치 추구와 더불어 사람을 함께 버는 일이 사업이다. 그런 점에서 사업은 사회운동에 가깝다고도 할 수 있다.

우리는 기업을 법인$^{法人}$이라고 한다. 법에 의해 사람의 인격을 부여한다는 것이다. 법인에 대비해 우리 사람을 자연인$^{自然人}$이라 칭한다. 사람은 태어날 때부터 인간으로서의 자격, 즉 인격을 가지고 태어난다는 의미다. 반면 법인은 법에 의해 사람으로서의 인격을 부여받게 되는 만큼 그럴 만한 충분한 존재 이유가 있어야 한다. 그것이 바로 기업의 사명, 즉 미션$^{mission}$인 것이다. 사명은 바로 기업의 존립 근거다. 따라서 사명은 기업 경영을 위한 최우선적 필요조건이자, 가장 중요한 핵심요소라 할 수 있다.

### 위대한 사명이 위대한 기업을 만든다

기업의 헌법이라 할 수 있는 정관에는 당연히 기업의 목적, 즉 존립 근거인 사명이 기재되어야 한다. 그런데도 대부분의 회사에는 사명 자체가 존재하지 않는다. 형식상 만들어져 있다 하더라도 직원들이 그 내용 자체를 모르는 경우가 대부분이다. 백번 양보해 직원들이 회사의 사명을 잘 알고 있다 하더라도 실제 현장에서 그 고유한 역할을 다하는 경우는 찾아보기 힘들다. 우리나라 기업들의 경우 일반적으로 정관에 목적하는 사업을 나열한다. 건설업, 유통업, 교육업 등 하고자 하는 사업이 정관에 기재되어야 해당 사업을 영위할 수 있다.

그러나 이제 한 단계 더 나가야 한다. 건설업을 통해 수익을 창출하겠다는 일반적인 수준의 목적이 아닌, 회사가 이 세상에 존재해야 하는 이유, 즉 사명을 정관에 기재할 수 있어야 한다. 휴넷의 정관에 '에듀테크 교육 혁명으로 모두가 행복한 세상을 만든다'라는 사명을 기재한 이유가 여기에 있다. 예를 들어 건설업을 영위하는 회사의 경우 '건설을 통해 지구 환경을 개선하고 사람들이 쾌적한 삶을 사는 데 기여하는 것'을 사명으로 해야 하고, 그것을 회사의 헌법인 정관에 명기할 수 있어야 한다.

사명은 곧 그 회사의 존재 이유다. 그 회사가 이 사회에 존재해야 할 근거다. 존재 이유를 찾지 못하는 개체는 곧 사라질 운명에 처하게 된다. 회사가 사라졌는데도 애통해하거나 슬퍼할 고객이 없다면 그 회사는 이미 존재 가치를 상실한 것과 마찬가지다. 그런 점에서 사명은 곧 그 회사에 혼을 불어넣는 막중한 역할을 한다.

좋은 기업은 훌륭한 상품과 서비스를 제공한다. 그러나 위대한 기업은 훌륭한 상품과 서비스를 제공할 뿐만 아니라 세상을 더 나은 곳으로 만들기 위해 노력한다. 단순히 '경쟁자보다 좋은 자동차를 만들어서 돈을 많이 벌겠다'라는 회사와 '무인 자율주행 전기자동차를 통해 지구 환경 문제를 해결하고, 사람들을 운전에서 해방시키고, 교통사고를 현저히 낮춰서 사람들을 행복하게 하겠다'라는 회사, 둘 중 어느 회사에 고객이 열광할 것인가를 따져보라. 세상을 바꾸겠다는 사명으로 무장된 실리콘밸리 젊은 기업가들에게 세상은 열광을 보내고 있다.

고객뿐만 아니다. 컨설팅 회사인 템킨의 연구에 따르면 사명의식이 있는 직원이 자사를 지인에게 홍보할 가능성은 평균보다 4.7배 이상 높다고 한다. 또한 사업의 개선 방안을 제안할 가능성은 평균보다 3.5배, 회사에서 기대한 수준 이상의 일을 주도적으로 행할 가능성도 3.5배 높다고 한다.

회사가 세상을 바꾸는 사명을 확고히 할 때 직원의 참여도와 몰입도가 높아지고 직원 행복도 커진다. 숭고한 사명에 대해 직원들이 올바로 인식하면 외부적으로 성공을 창출하는 행동방식이 자연스레 이어진다. 그것이 기업을 위해, 고객을 위해, 동료 직원을 위해 더 노력하게 만든다. 곧 사라질 일시적 열정을 뛰어넘어 세상을 바꾸기 위한 야심찬 사명에 동참하게 만든다.

위대한 기업은 위대한 사명으로부터 출발한다. 4차 산업혁명, 문명사적 대전환기를 맞아 이제 우리도 창업 시점부터 세상을 바꾸려는 야심찬 목표를 설정하여, 회사의 존립 근거를 명확히 하고 이를 실제 경영에서 살아 숨 쉬게 만들어야 한다.

### 휴넷의 사명, 에듀테크 교육 혁명으로 모두가 행복한 세상을 만든다

모든 사업에서 사명이 중요하지만 특히 교육업은 사람을 키우는 일을 하기에 어느 사업보다도 사명이 중요하다. 사람에 대한 깊은 애정과 교육에 대한 사명감 없이는 교육사업에서 성공은 불가능하다. 사명 없이는 아예 교육사업을 시작하지 않는 것이 좋다.

'코이'라는 일본 관상 잉어는 어항 속에 갇혀 있을 때는 5~7센티미터만 자란다. 수족관에 넣어두면 25센티미터 정도 자란다. 하지만 큰 강가에 방류하면 1미터까지 자란다고 한다. 코이는 원래 1미터까지 자랄 잠재력을 가지고 태어나는데, 환경적 제약 때문에 5센티미터만 자라고 생을 마칠 수도 있는 것이다. 사람도 마찬가지다. 사람은 누구나 100점 인생을 살아갈 무한한 잠재력을 갖고 태어난다. 그러나 처한 환경과 본인의 노력 여하에 따라 누군가는 5점으로 인생을 마칠 수도 있고, 누구는 30점, 또 다른 이는 50점, 100점의 인생을 살아갈 수 있다.

휴넷은 5점짜리 인생을 살 수도 있었을 고객이 100점짜리 인생을 살 수 있도록 돕는 것을 사명으로 한다. 한 사람 한 사람이 휴넷을 만나 본인의 무한한 잠재력을 깨닫고 평생 동안 자기계발을 함으로써 스스로 행복과 성공을 누리면서 살 수 있도록 돕는 것, 그런 사람으로 가득한 세상을 만드는 것이 우리가 사업을 하는 목적이자 우리의 사명이다.

"우리는 모든 사람이 가진 무한한 잠재력 계발을 도움으로써 개인, 가정, 사회, 국가 모두가 행복한 세상을 건설한다."

이것이 바로 얼마 전까지 휴넷의 사명이었다. 이 사명이 제대로 작동되기 위해서는 우리 직원들이 이 사명을 항상 머릿속에 생생하게 기억하고 있어야 한다. 항상 그 사명을 생각하며, 사명에서 영감을 받아 일에 헌신할 수 있어야 한다.

2015년 이후 좋은 회사를 넘어 위대한 회사를 만들기 위한 프로젝트를 시작하면서, 가장 먼저 사명이 제대로 작동하고 있는지를 시험해보고 싶었다. 회사의 비전과 사명 때문에 가슴이 뛰고, 아침에 벌떡 일어나 회사에 달려가고 싶어야만 진정한 의미에서 사명이 작동하고 있다고 할 수 있다. 직원들에게 휴넷의 사명을 말해보라고 했을 때 제대로 답한 사람은 거의 없었다. 무엇이 문제일까 곰곰이 생각해 보니, 우리의 사명이 그 뜻은 좋으나 기억하기에는 다소 길다는 것이 문제였다. 또한 세상을 바꾼다는 큰 뜻이 다소 약한 것도 문제였다.

회사의 비전, 사명, 전략을 수립할 때 어떤 방식으로든 직원들을 참여시키는 것은 대단히 중요하다. 비록 내 의견이 채택되지 않는다 하더라도, 그러한 작업에 참여했다는 것만으로도 비전과 전략이 내 것이 되기 때문이다. 직원 공모를 통해 나온 여러 개의 아이디어 중 임원 회의를 통해 외우기 쉽도록 한 줄로 압축한 두 개의 최종 후보를 선정했다.

1안: 에듀테크 교육 혁명으로 모두가 행복한 세상을 만든다.
2안: 교육 혁명으로 모두가 행복한 세상을 만든다.

나는 사명에 꼭 '에듀테크'라는 단어를 넣고 싶었다. 앞으로 수십 년간 에듀테크가 교육을 근본적으로 바꿀 것이고, 그 물결의 선두에 서야만 우리가 꿈꾸는 세계 일등 교육 회사가 될 수 있다고 믿었기 때문이다. 사내에서도 지속적으로 에듀테크 교육을 실시했다. 에듀테크 교육을 이수하지 않은 사람은 해외 워크숍에 데려가지 않겠다고 엄포를 놓기도 했다. 사명에 '에듀테크'라는 단어를 넣기 위한 수많은 노력에도 불구하고 직원 투표 결과는 71대 29로 2안, 즉 '교육 혁명으로 모두가 행복한 세상을 만든다'를 지지하는 것으로 나타났다.

새로운 사명 선정 결과를 발표하는 2016 전사 도쿄 워크숍 자리에서 이렇게 선언했다.

"직원 투표 결과는 71대 29의 압도적인 표차로 2안을 선택했습니다. 그러나 저는 앞으로 4차 산업혁명의 소용돌이 속으로 들어갈 수십 년간 에듀테크가 교육 혁명을 가져올 것이라는 확신을 갖고 있고, 우리 역시 교육 혁명을 선도하기 위해서는 에듀테크 교육 혁명을 사명으로 삼을 수밖에 없습니다. 추상적 의미의 교육 혁명으로는 역량을 결집시키는 데 한계가 있습니다. 투표 결과를 뒤집었다는 비판은 제가 다 감내하겠습니다. 향후 수십 년간 우리 휴넷의 사명은 '에듀테크 교육 혁명으로 모두가 행복한 세상을 만든다'로 결정했습니다. 에듀테크 교육 혁명에 모두가 한마음으로 동참해주시기 바랍니다."

직원들의 투표 결과를 거슬러 에듀테크를 사명에 넣는 대신, 직원들에게 솔직하게 말하고 이해와 동참을 호소한 것이다. 직원들의 참여를 이끌어내기 위해 직원의 의견을 받는 것은 대단히 중요하지만 다수결이 꼭 정답은 아니다. 리더는 욕먹을 줄 알아야 한다.

이제 사명이 한 줄로 간결해져서 직원들이 쉽게 기억하고 말할 수 있게 되어 가치가 한결 높아졌다. 그러나 한 줄의 사명만으로 우리의 존재 이유를 충분히 설명하는 것은 불가능했다. 그래서 다음과 같이 우리의 사명을 제대로 설명할 수 있도록 사명 선언문을 만들었다.

## 사명 선언문

교육이 사람을 바꾸고, 사람이 세상을 바꿉니다.

모든 사람은 무한한 잠재력을 가지고 태어납니다.
교육을 통해 모든 사람이 가진 무한한 잠재력 계발을 돕고,
그들의 행복한 성공을 돕는 것, 그것이 우리의 업業입니다.

교육에 기술을 결합시키면 상상이 현실이 됩니다.
교육과 기술이 결합된 에듀테크$^{Edu\ Tech}$가 교육의 혁명적 변화를 가져옵니다.
에듀테크 교육 혁명이 남녀노소, 부자와 빈자의 구별 없이
이 세상 모든 이에게 시공을 초월한 최상의 교육서비스를 제공합니다.
우리는 에듀테크 교육 혁명의 선봉에 서서 모두가 행복한 세상을 만듭니다.

에듀테크 교육 혁명으로 모두가 행복한 세상을 만드는 것,
그것이 우리의 사명입니다.
우리 휴넷이 이 세상에 존재하는 이유입니다.

HUNET STORY

## 4
# 세계 일등 교육기업, 행복한 성공 파트너

달성 가능성이 높은 겸손한(?) 비전이 좋을까? 달성 불가능해 보이지만 구성원의 가슴을 두근거리게 하는 원대한 비전이 좋을까? '그레이트 휴넷'을 선언하고 나니, 내 가슴이 다시 뛰기 시작했다. 2010년에 한 번 수정한 우리의 비전을 다시 돌아보게 되었다. 과연 우리의 비전이 직원들의 가슴을 뛰게 할까? 그 비전을 생각하면 아침에 잠에서 벌떡 일어나게 되고, 얼른 빨리 출근하고 싶어질까? 아니라는 생각이 들었다.

창립 10주년이 되던 2009년, 1년간 주요 직원이 참여하는 태스크포스를 구성해 비전과 사명, 핵심가치 등 휴넷웨이를 전반적으로 가다듬는 작업을 했다. 그때 탄생한 것이 '세계가 인정하는 교육기업, 행복한 성공 파트너'라는 비전이다.

'세계'라는 단어를 넣음으로써 10년간 국내에서 축적된 사업 노하우를 바탕으로 세계 시장, 특히 중국 시장을 시작으로 교육한류를 개척하는 계기를 만들었다. '교육기업'이라는 단어를 구체적으로 적시함으로써 다른 사업엔 눈을 돌리지 않고 오직 교육 관련 사업에만 매진키로 했다.

문제는 '인정하는'이라는 단어였다. 나는 '일등'이라는 단어를 넣고 싶었다. 그러나 당시 다수의 임원이 일등이라는 단어가 고상하지 않아 비전에 어울리지 않는다는 의견, 그리고 '우리가 언감생심 세계 일등 교육기업이 될 수 있겠는가?' 하는 차원에서 현실과 동떨어진 불가능한 단어를 넣지 말자는 의견을 냈다. 즉 '달성 가능성이 희박한데 굳이 그런 단어를 넣을 필요가 있는가?' 하는 의견이 지배적이었다. 나도 동의하고 말았다. 결과적으로 현실과 타협한 것이다. 그러나 늘 마음에 걸렸던 것이 사실이다.

이제 그레이트 휴넷을 선언한 마당에 다소 비현실적이라도 구성원의 가슴을 뛰게 할 수 있는 원대한 비전을 만들고 싶었다. 우선 전 직원을 대상으로 '현재의 비전이 여러분의 가슴을 울렁거리게 합니까?'라는 설문조사를 실시했다. 놀랍게도 5.0점 만점에 겨우 2.6점에 불과한 점수가 나왔다. 비전이 비전으로서의 기능을 전혀 못하고 있었던 것이다(특이하게도 사내 연구소 직원들만 4.6점 이상을 기록했다. 교육 콘텐츠를 개발하는 직무 특성상 일의 의미와 사명감이 남달랐던 것이다).

### 달성 가능한 겸손한 목표 vs 가슴이 두근거리는 원대한 비전

비전$^{vision}$은 원래 '본다'는 뜻을 담고 있다. 10~20년 후 조직의 미래상, 열망, 꿈을 구체화해 미리 본다는 것이다. 비전이 있을 때 조직 역량을 한 방향으로 정렬시키고, 구성원의 역량을 극대화할 수 있다.

그러나 현실적으로 10년 후의 모습을 미리 내다본다는 것은 불가능에 가깝다. 물론 조직의 리더는 헌신적인 노력을 통해 조직의 미래상을 구체화할 수 있다. 또한 그것이 리더의 가장 중요한 역할이라 할 수 있다. 문제는 리더 혼자서만 조직의 비전을 가지고 있어서는 아무 쓸모가 없다는 것이다. 그래서 비전을 가진 리더란 단순히 비전을 품고 있다는 의미를 넘어, 구성원 모두가 그 비전을 공유할 수 있도록 하는 리더를 의미한다.

비전을 공유한다는 의미는 다시 두 가지 뜻을 내포한다. 머리로 이해하게 하는 것이 하나이고, 가슴으로 받아들이게 만드는 것이 또 하나다. 머리로 비전을 이해하는 것은 매우 중요하다. 깜깜한 밤에 사막에서 길을 잃었을 때 북극성을 보고 정북쪽을 알 수 있는 것과 마찬가지로, 구성원들이 머리로 비전을 이해하게 되면 전략이 일관성 있게 한 방향으로 정렬되고 조직의 힘이 그 방향으로 결집되는 효과를 얻을 수 있다. 소위 전략의 핵심이라 할 수 있는 선택과 집중의 바로미터가 바로 비전이 되는 것이다.

그러나 머리로만 이해해서는 비전이 온전히 작동하지 않는다. 가슴으로 비전을 받아들여야만, 구성원의 열망을 끌어내어 비전 달성을 앞당길 수 있다. 폭발적인 힘을 발휘할 수 있도록 가슴으로 받아들이려면 그 비전에 숭고함이 들어가거나, 세상을 구원하는 것과 같은 원대한 목표가 들어가 있어야 한다. 겸손한(?) 목표로는 결코 구성원의 뜨거운 열망을 이끌어낼 수 없다.

**세계 일등을 꿈꾸다**

어떻게든 내 가슴을 뛰게 만드는 단어, 즉 '세계 일등 교육기업'이라는 비전을 다시 세우고 싶었다. 그러나 여전히 주저함이 앞을 가로막았다. 나는 나름대로 비전 전문가라고 자부한다. 우리나라 기업 경영에 비전이라는 개념이 도입되기 시작한 것이 1990년대 초반이었다. 당시 《전 사원이 함께하는 기업 비전 만들기》라는 일본 경영서가 번역되어 우리나라에 기업 비전 만들기가 시작되었다. 운이 좋게도 당시 대학원에서 경영 비전을 공부했고, 재직 중이던 금호그룹의 50주년을 맞아 새로운 50년 비전을 수립하는 작업에 2년 동안 실무자로 참여하게 되었다.

좋은 비전은 간결하고, 명확하고, 구성원의 열망을 이끌어낼 수 있는 큰 꿈을 담고 있어야 한다. 그리고 비전 수립에 구성원이 참여하도록 하는 것이 비전 공유에 효과적이다. 또한 전문가들은 '세계 일등', '세계 최고'와 같은 단어는 가급적 피하라고 이야기한다. 다소 추상적이고, 촌스러운(?) 느낌을 주기 때문이다. '세계 일등 교육기업'이라는 단어를 선뜻 사용하지 못하고 망설이던 중 우연히 일본에서 '경영의 신'이라고 칭송받는 이나모리 가즈오 교세라 회장의 책을 보다가 해결책을 찾았다.

이나모리 가즈오는 20대 후반인 1959년에 다니던 회사를 그만두고 나와 직원 몇 명과 교세라라는 회사를 차리면서 다음과 같은 비전을 만들었다. 교세라는 '교토 세라믹'의 약자다.

"우선, 이 공단에서 제일가는 기업이 되고, 곧 교세라를 교토 제일 기업으로 만듭시다. 아니 교토 제일을 넘어 일본 제일 기업으로 만듭시다. 아니 일본을 넘어 세라믹 업계에서 세계 제일의 기업으로 만듭시다."

평소 존경하는 경영의 신도 '세계 일등'이라는 단어를, 그것도 창립 직후 아무것도 가진 게 없는 상황에서 비전에 사용했는데 우리라고 못 할 이유가 없었다. 그렇게 해서 탄생한 것이 '세계 일등 교육 기업, 행복한 성공 파트너 휴넷'이라는 새로운 비전이다.

세계 일등 교육기업이 꼭 매출 1위만을 의미하지는 않는다. 직원들과 함께 구체화한 세계 일등 교육기업의 모습은 다음과 같다. 사명과 가치 측면에서 에듀테크 교육 혁명을 통해 세상을 바꾸는 기업으로 거듭나는 것, 매출 규모로는 2025년까지 1조 원을 달성하는 것, 상품 솔루션과 플랫폼 측면에서 트랜드 세터가 되는 것(구글과 테슬라처럼 해당 분야의 트랜드 세터가 되는 것), 브랜드 측면에서 '교육'이라고 하면 전 세계적으로 첫 번째로 떠오르는 기업, 직원들이 가장 일하고 싶은 교육기업이 바로 세계 일등 교육기업이라는 비전의 구체적 모습이다. 이러한 목표를 달성하기 위해 에듀테크, 플랫폼 사업, 글로벌 진출 등의 구체적인 전략을 수립하여 하나둘씩 현실화하기 위한 노력을 다하고 있다.

비전은 기적을 가져온다. 세계 일등 교육기업을 비전으로 설정한 이후, 나는 항상 세계 일등 교육기업을 꿈꾼다. 매일 같은 생각을 하게 되면 꿈은 조금씩 현실이 된다. 비전 수립 후 2년이 지난 지금 중국 사업에서는 손익분기점을 넘어섰고, 베트남과 일본을 넘어 미국까지 진출하기 위한 전략을 구체화하고 있다. 특히 휴넷이 강점을 가지고 있는 기업교육 분야에서는 세계 일등이 가시화되고 있다. 직원들도 기업교육 분야에서는 몇 년 안에 세계 최고의 자리에 오를 수도 있겠다는 자신감을 갖기 시작했다.

간절히 원하면 꿈은 현실이 된다는 기적을 꼭 만들어보고 싶다. 사장 혼자만의 꿈이 아닌 우리 휴넷인 모두의 간절한 꿈이 된다면 그 시기는 훨씬 더 앞당겨질 것이라 믿는다. 불가능해 보이는 원대한 꿈을 꾸고 그 꿈이 모두의 것이 되게 함으로써 운명 공동체가 되어 한 방향으로 매진하게 하는 것, 그것이 리더의 첫 번째 역할이다.

### '행복'과 '성공', 두 마리 토끼 잡기

흔히들 사람의 목적은 행복이라 생각한다. 그러나 행복만 가지고는 부족하다. 행복은 주관적이다. 무엇보다도 스스로 현재의 상황에 만족하면 비교적 쉽게 행복을 얻을 수 있다. 부탄의 행복지수가 가장 높다는 통계도 있다. 과연 그렇다면 부탄이 가장 바람직한 나라의 모습일까? 자신이 가진 잠재력이 100인데 5~10퍼센트만 계발하고도 스스로의 삶에 만족하면 행복할 수는 있다. 그러나 과연 자신의 소명을 다한 멋진 삶이었다고 말할 수 있을까?

현재의 삶에 만족함과 동시에 자신이 가진 무한한 잠재력을 끝없이 계발하고, 그 잠재력을 통해 세상에 무언가 조그마한 기여라도 하고 떠나는 게 진정 가치 있는 삶이라 할 수 있다. 그래서 행복도 필요하지만 성공도 필요하다.

우리가 흔히 생각하는 성공이라는 말에는 부정적 뉘앙스가 내포되어 있다. 성공을 결과로만 생각하고, 그 안에 가치가 빠져 있기 때문이다. 그러나 성공이란 단순히 돈을 많이 벌고, 유명해지고, 출세하고, 권력을 잡는 것을 의미하지 않는다.

바람직한 성공, 즉 우리 휴넷이 추구하는 행복한 성공은 다음과 같은 조건을 충족하는 것을 말한다. 첫째, 성공은 결과가 아니라 과정이다. 그 과정이 올바르고, 윤리적이고, 남과 더불어 성공을 추구할 수 있어야 한다. 둘째, 본인이 가진 잠재력을 극대화하고, 그 결과 최상의 성과를 만들어내는 것이어야 한다. 셋째, 성취의 결과가 개인의 안위가 아닌 사회에 도움이 되어야 한다.

휴넷의 비전은 행복한 성공 파트너다. 이는 교육을 통해 모든 사람들이 가진 잠재력을 극대화하고 그들이 올바른 방법으로 최고의 성취를 이루도록 돕고, 그 성취로 인해 개인의 행복은 물론 그렇게 행복한 성공을 거둔 사람으로 가득찬, 행복한 세상을 만들어가겠다는 우리의 각오와 의지이자 꿈의 표현이다. 자신의 가진 잠재력을 100퍼센트 발휘한 행복한 사람들로 가득한 세상, 그것이 우리가 꿈꾸는 세상이다.

# 5
# 가치판단의 기준을 세우다

**대성통곡으로 얻은 경영 원칙**

2003년 구로디지털단지로 사무실을 이전했다. 당시엔 지적재산권에 대한 인식이 전반적으로 낮았던 시기였다. 가끔씩 '옆 건물에 불법 소프트웨어 단속반이 들이닥쳤으니 조심하라'라고 관리사무소에서 안내방송을 해주곤 했다. 그럴 때마다 별 생각 없이 다른 회사와 똑같이 직원들을 퇴근시키곤 했다.

어느 날이었다. 그날 역시 옆 건물에 불법 소프트웨어 단속반이 떴다는 안내 방송을 듣고 전 직원을 퇴근시켰다. 몇몇 친한 직원들과 근처에서 소주 몇 병을 마시고 캄캄한 사무실에 혼자 들어왔다. 갑자기 설움이 밀어닥쳤다. 대성통곡을 했다. 30대 후반의 남자가 부끄러운 줄도 모르고 사무실이 떠나가도록 큰 소리로 울었다. 내가 회사 대표로서 불법을 용인한 대가로 직원들이 소중한 일터에서 쫓겨났다는 사실을 처음으로 직시한 것이다. '올바르지 않은 방법으로 사업이 성공하고 이렇게 불법을 저지르면서 돈을 벌면 무슨 의미가 있겠는가' 하고 깊이 반성했다. 이러려고 사업을 시작했나 하는 자괴감이 들었다. 이 사건을 계기로, 사업을 키우는 것도 좋지만 절대로 불법을 저지르지 않겠다는 결심을 했다.

다음 날 자체 조사를 해보니 불법 소프트웨어 사용액이 8천만 원에 달했다. 당시 전 직원 한 달 급여가 5천만 원이었고 매달 월급을 주기가 빠듯한 사정이었음을 감안할 때 매우 큰 금액이었다. 꼭 필요하지 않은 프로그램을 지우고 나니 5천만 원 정도로 줄어들었다. 당장 5천만 원을 들여 소프트웨어를 구매했다. 그러고 나서 직원들에게 공개적으로 선언했다.

"우리 휴넷은 앞으로는 절대 불법 소프트웨어를 사용하지 않습니다. 따라서 단속이 나오더라도 전혀 개의치 말고 제자리에 앉아 일을 하면 됩니다. 혹시 특정 직원이 잘 모르고 개인적으로 불법 소프트웨어를 쓰다가 적발되는 경우 바로 벌금을 내고, 필요한 경우 구매하는 것으로 하겠습니다."

이 사건을 계기로 경영의 모든 영역에서 윤리경영, 투명경영, 정도경영을 준수하기로 다짐했다. 일반적으로 요구되는 수준을 뛰어넘어 타의 모범이 되는 수준까지 격상시키기로 한 것이다. 그것이 바로 휴넷의 핵심가치 중 하나인 모범 컴퍼니의 모습이다.

### 시간을 알려주기보다는 시계를 만들어주어라

가끔은 이런 생각을 해본다. 휴넷 직원들에게 '휴넷웨이에 어긋나는 상황, 즉 휴넷의 인재상이 아닌 사람을 사장의 친인척이라 해서, 혹은 청탁에 의해서 채용하게 된다면 어떻게 하겠는가?' 하고 묻는다면 어떻게 답할까? 나는 우리 직원 모두가 잠깐의 망설임도 없이 절대 안 된다고 말하리라 믿는다. 조영탁 개인과는 전혀 다른, 별개의 DNA를 가진 하나의 생명체로서 휴넷을 만들어왔다고 자부한다.

사장은 당장의 매출과 사업도 중요하지만 회사의 철학과 가치, 사명과 문화를 만드는 사람, 즉 시간을 알려주는 사람이 아닌 시계를 만들어주는 사람이 되어야 한다. 시간을 알려주는 사장은 자신이 직접 모든 것을 챙겨야 한다. 사장이 있을 때는 회사가 잘 돌아가지만, 사장이 자리를 비우거나 궐위가 되면 곧 쇠퇴하게 된다. 그러나 시계를 만들어주는 경우, 그 시계가 시간을 알려주기에 굳이 사장이 하나하나 모든 일을 직접 챙기지 않아도 회사는 잘 돌아간다. 시계를 만드는 것, 그중 가장 중요한 것이 핵심가치를 만들고 그 가치에 따라 조직이 일관성 있게 움직이도록 하는 것이다.

휴넷이 지향하는 모범 컴퍼니의 모습은 단순히 정도경영, 윤리경영, 투명경영을 넘어선다. 교육한류, 경영한류, 에듀테크 등 우리가 하는 모든 활동에서 타의 모범이 되겠다는 것이 우리가 지향하는 모범 컴퍼니의 모델이다.

교육 회사 사람들이 가장 교육을 안 받고, 교육 담당자가 공부하는 것을 싫어하고, 컨설팅 회사 사람들이 컨설팅 받기를 가장 싫어한다는 우스갯소리가 있다. 우리는 교육 회사로서 이 세상 어떤 기업보다 공부를 더 많이 하는 것을 원칙으로 하고 있다. 만약 우리가 고객사에게 윤리경영 과정을 교육한다면 우리가 먼저 윤리경영을 실천해야 하고, 만약 고객사에게 고객만족 교육을 추천하려던 우리가 먼저 고객만족을 실천할 수 있어야 한다고 믿는다. 마찬가지로 우리가 고객에게 리더십 교육을 시키려면 내가 먼저 리더십을 제대로 실천할 수 있어야 한다. 그것이 우리가 지향하는 모범 컴퍼니의 진정한 모습이다.

잭 웰치 GE 전 회장은 "훌륭한 사명은 당신이 어디를 향해 가고 있는지를 정확히 알려주며, 가치는 당신이 그곳에 도달하기 위해 어떤 방식으로 행동해야 하는지 명확히 말해준다"라고 말했다. 핵심가치는 가치판단의 기준이 된다.

'회사생활에서 삶의 행복을 찾는 행복 컴퍼니', '고객의 행복한 성공을 돕는 고객 무한 사랑 컴퍼니,' '탁월한 성과를 창출하는 일등 컴퍼니', '기본에 충실하고 사회적 책임을 다하는 모범 컴퍼니'라는 휴넷의 핵심가치를 사장부터 신입사원까지 똑같이 의사결정과 가치판단의 기준으로 삼아야 한다.

그렇게 되면 같은 상황에 처했을 때 모두가 같은 의사결정을 하게 된다. 고객 행복 컴퍼니라는 핵심가치를 제대로 이해한다면, 고객행복센터 말단 직원이 고객이 원할 경우 상사에게 묻지 않고 바로 그 자리에서 수강료 환불을 결정할 수 있게 된다. 내가 의사결정할 때와 같다. 이렇게 될 경우 신속한 의사결정으로 인해 고객만족도가 올라가고, 직원들은 상사의 눈치를 보지 않고 주도적으로 의사결정을 할 수 있어 만족도와 업무 몰입도가 높아진다. 그것이 핵심가치의 역할이다.

창업 이후 직원들에게 늘 강조하는 말이 있다.

"만약 사장이자 창업자이자 대주주인 내가 휴넷의 핵심가치를 지키지 못하고 그에 반하는 행동을 한다면 나는 바로 그날 모든 것을 버리고 사장직에서 물러날 각오가 되어 있다. 만약 휴넷인들이 휴넷의 핵심가치를 준수하지 못한다면 우리는 바로 그 순간 회사 문을 닫아야 한다."

다행히 지금까지 휴넷의 핵심가치는 전 직원의 가치판단과 의사결정의 기준으로 그 역할을 충실히 하고 있다.

# 2장
# 직원 행복 최우선의 원칙

# 1
# 월요일이 기다려지는
# 회사 만들기

**TGIM을 꿈꾸다**

"이 회사를 만난 것은 제 인생 최고의 행운이에요. 저는 매일 아침 눈을 뜨면 회사 갈 생각에 가슴이 설렌답니다. 주말에는 월요일이 너무 멀게 느껴져 참을 수 없을 정도에요."

사실 이 이야기는 휴넷 직원의 이야기가 아니다. 온라인 신발 판매 회사인 자포스의 콜센터 직원 이야기다. 휴넷도 이런 회사를 만들고 싶다. 직원들이 월요일 출근을 기다린다면, 가히 꿈의 직장이라 할만하다.

수년 전 라스베이거스에 있는 자포스 본사를 방문한 적이 있다. 콜센터를 찾아가 보니 과연 월요일에 출근하고 싶다는 생각이 들었다. 일을 하는지 노는지 모를 정도로 서로 즐겁게 대화하면서 즐거

워하는 모습이 무척이나 부러웠다.

TGIM! Thank God, It's Monday!

대부분의 직장인은 TGIM이 아니라 TGIF$^{\text{Thank God, It's Friday!}}$를 외친다. '불타는 금요일'이라는 뜻의 '불금'이 유행어가 될만하다. 솔직히 불금이 좋지 않은 직장인은 없으리라. 그러나 금요일이 아닌 월요일을 기다리는 직원들로 가득한 회사의 성장은 불을 보듯 명확할 것이다.

직원 모두가 TGIM을 외치는 회사, 모두가 평생 다니고 싶어 하는 회사, 직원 신뢰지수인 GWP$^{\text{Great Work Place}}$ 지수가 80이 넘는 회사, 직원이 '와우$^{\text{Wow}}$!' 하며 감탄하는 회사를 만드는 것이 내 꿈이다.

왜 직원이 최우선이어야 하는가? 두 가지 관점에서 살펴볼 수 있다. 첫째는 뛰어난 직원들로 구성되어야 위대한 회사를 만들 수 있다는 경제적 이유다. 두 번째는 직원 행복을 최우선하는 것은 회사와 경영자의 당연한 의무라는 관점이다.

## 기업은 곧 사람이다

원래 기업은 사람이 모여서 일하는 곳이다. 기업$^{\text{企業}}$이라는 한자를 자세히 뜯어보면 그 뜻을 알 수 있다. 사람이$^{\text{人}}$ 한데 모여$^{\text{止}}$ 일을 함께 하는 것$^{\text{業}}$이 바로 企業인 것이다. 영어로 회사를 뜻하는 컴퍼니$^{\text{company}}$는 '함께 모여 빵을 나눠 먹는다'는 의미를, 코퍼레이션$^{\text{corporation}}$은 '함께 모여 일을 한다'는 의미를 담고 있다. 사람을 빼놓고는 회사가 존재할 수 없다. 그만큼 회사에 있어서는 본래 사람이 중요했다. 최근 들어서는 그 중요성이 더욱 커지고 있다. 창의력, 상상력의 시대를 맞아 이제 한 사람의 핵심인재가 10만 명을 먹여 살리는 시대가 현실이 되고 있다.

드림웍스의 애니메이션 〈쿵푸 팬더〉 1편의 탄생 비화를 살펴보자. 보통 대작 애니메이션의 경우 출시 5년 전에 태스크포스를 구성해 기획회의를 시작한다고 한다. 2003년에 4명으로 구성된 태스크포스 회의에서 2008년 어떤 주제의 애니메이션을 제작, 출시할지 논의하기 시작했다. 누군가가 2008년이면 베이징 올림픽이 열리니 중국을 소재로 한 영화였으면 좋겠다는 아이디어를 냈다. 그러자 또 다른 사람이 중국을 대표하는 동물 팬더를 이야기했고, 자연스럽게 팬더가 쿵푸를 하는 주제로 의견이 모였다. 하루 열일곱 시간을 자는 게으르고 동작이 느린 팬더가 쿵푸를 하는 〈쿵푸 팬더〉는 이렇게 탄생되었다. 놀랍게도 첫 편의 수익이 5,000억 원에 달했고, 6편까지 계속 제작될 계획이니 총 매출 3조 원 규모의 사업이 될 것으로 예상된다. 불과 4명의 직원이 3조 원의 부가가치를 창출하는 시대, 이제는 그런 경우를 심심치 않게 목도하게 된다.

결국 기업의 성패는 인재, 그 중에서도 S급 핵심인재에 달려 있다고 해도 과언이 아니다. S급 인재를 모셔오기 위한 싸움에서 승리하는 기업은 당연히 사람을 소중히 여기고, 직원 최우선의 원칙을 바탕으로 직원 행복을 챙겨주는 기업이 될 수밖에 없다. 따라서 직원 최우선의 원칙은 성공을 꿈꾸는 모든 기업의 공통적 과제라 할 수 있다. 공자는 '근자열 원자래近者悅 遠者來'라 했다. 가까이 있는 사람에게 잘하면, 멀리 있는 인재들이 찾아온다는 것이다. 직원 최우선 원칙의 다른 표현이라 할만하다.

### 직원의 행복은 경영자의 의무다

경제적 관점을 떠나서도 직원의 행복을 최우선적으로 추구해야 할 이유는 많다. 일본 교세라 창업회장인 이나모리 가즈오는 창업 초기 극심한 노사관계를 겪고 나서, '물심양면으로 전 직원의 행복을 추구하는 것'이 회사와 본인의 의무이자 목적이라고 했다. 또한 모리타 아키오 소니 공동 창업회장은 이렇게 말했다.

"나의 경영 이념은 '소니와 이해관계에 있는 모든 사람에게 행복을 선사하는 것'이다. 그중에서도 특히 직원들의 행복이 나의 최대 관심사다. 그들은 한 번밖에 없는 인생의 가장 소중한 시기를 소니에 맡긴 사람들이기 때문에 반드시 행복해져야 한다. 나의 꿈은 소니 직원들이 죽기 전에 '소니에서 근무한 것이 내 인생 최고의 행복이었다'라고 말할 수 있도록 하는 것이다."

직원들은 하루의 상당 부분을 회사에 투자한다. 소중한 시간의 대부분을 회사 관련 일을 하면서 보내는 것이다. 한 번뿐인 소중한 인생의 가장 중요한 시기를 우리 회사에 바치고 있는 사람들, 나와 함께 인생의 소중한 시기를 회사에 투자하는 사람들, 그들의 인생을 가치 있게 살도록 도와주는 것, 그들이 행복하고 성공적인 삶을 살 수 있도록 돕는 것, 그들의 성장과 발전을 돕는 것이야말로 경제적 이유를 떠나 회사와 경영자의 당연한 의무다. 18년 동안 사업하면서 가장 보람찬 일을 꼽으라면 주저치 않고 '직원들의 성장을 돕고, 그들의 성장을 지켜보는 일, 직원들이 행복한 삶을 살아가는 모습을 보는 일'이라 단언할 수 있다.

**돈으로는 직원의 마음을 살 수 없다**

직원 최우선의 원칙을 이야기하면 특히 중소기업 사장님들은 참 난감해한다. 여건이 안 되니 최고의 보상을 해줄 수 없다는 것이다. '직원 최우선'이라고 하면 가장 먼저 급여 인상과 복리후생 확대를 떠올리곤 한다.

청년 취업 문제가 심각하다. 청년들은 공무원, 공기업, 대기업 취업에 목매달고 있는 형국이다. 반대로 중소기업들은 청년들을 채용하지 못해 난리다. 실제로 대기업과 중소기업의 연봉 차이가 IMF 직전 100:77에서 현재는 100:64 정도로 벌어졌다. 그만큼 중소기업으로서는 우수 인재 확보를 위한 여건이 악화된 것이다. 정부의 적절한 정책과 대기업의 상생 마인드가 필요하다. 그러나 청년들이 급여만 보고 직장을 선택하지 않는 것 또한 사실이다. 중소기업의 경우 급여를 가지고 대기업과 맞짱(?) 뜰 수는 없는 일이다. 오히려 중소기업이니까 더 잘할 수 있는 부분이 분명코 있다.

EVP$^{\text{Employee Value Proposition}}$ 라는 개념이 있다. 회사가 우수한 인재들을 유치하기 위해 이미지를 개선하고 직원 친화적인 제도를 도입하는 등의 활동을 말한다. 다시 말해 다른 회사에 비해 차별적인 가치를 제공해야 좋은 인재를 불러 모을 수 있다. 취업 희망자의 입장에서는 단순히 급여만 놓고 회사를 선택하는 것이 아니라 비금전적 보상, 복리후생, 회사의 사명과 목적, 성장 가능성, 평판, 기업문화 등을 종합적으로 판단하여 회사를 선택한다는 것이다.

세계적 리더십 전문가 제임스 쿠제스 박사가 전 세계 직장인 2만여 명을 상대로 실시한 설문조사를 보면 그 답을 알 수 있다. "회사나 상사가 어떻게 해주면 몰입해서 헌신적으로 일하겠는가?"라는 질문에 사장 등 경영진은 급여와 복리후생, 직업 안정성 등을 직원들이 가장 중요하게 생각할 것이라고 답했다. 그들 중 95퍼센트는 위 세 가지 항목 중 하나 이상을 제시된 열다섯 개 항목 중 5위 이내로 꼽았다. 반면 2만여 명의 직장인들이 꼽은 순서는 다음과 같다.

1) 회사와 상사로부터 존중받기
2) 단조롭지 않고 흥미로우며 도전적인 업무
3) 상사의 칭찬
4) 자기계발
5) 내 의견을 들어주는 상사
　⋮

또 다른 연구 결과도 비슷하다. 대부분의 직장인들은 자신이 업무의 주요 의사결정권을 갖는 것, 스스로의 능력이 향상되고 있다고 느끼는 것 등을 가장 중요하게 생각한다.

윤석금 웅진그룹 회장에게 직접 들은 이야기다. 30여 년 전 브리태니커 백과사전 영업왕이었던 윤 회장이 회사를 차렸는데, 초기에는 갑갑한 일이 많았다고 한다. 직원 일곱 명의 작은 회사, 돈이 충분한 것도 아니고, 그렇다고 브랜드가 알려진 것도 아니고, 베스트셀러가 있는 것도 아니었다. 고민 끝에 돌파구를 찾은 것이 한국 사람들이 가진 신바람과 끼를 불러일으키자는 것이었다. 결국은 직원 존중과 사랑이 답이었다. 윤 회장이 말한 실제 사례를 들어보자.

어느 날 열 시쯤 사무실에 나가보니 김 차장의 기분이 언짢아 보였다. 열한 시쯤 나가서 설렁탕에 소주 한잔을 같이하면서 사정 이야기를 들어주고, 함께 사우나에 가서 등도 밀어주고 나서 두 시쯤 다시 사무실에 들어왔다. 다섯 시쯤 나가 보니 김 차장이 환하게 핀 얼굴로 열심히 일하고 있더라는 것이다. 윤 회장은 그렇게 해서 웅진그룹의 경영 이념을 '또또 사랑'으로 정했다 한다. 직원들을 사랑하고, 또 사랑하면 결국 직원들이 신바람 나서 끼를 다해 회사를 성장시키더라는 것이다. 직원 최우선의 원칙은 금전적 보상에 의존하지 않는다는 점을 보여주는 좋은 사례다.

메리케이 화장품의 메리케이 애시 회장 또한 직원 존중과 사람 최우선 정책을 통해 회사를 성공시킨 대표적인 인물이다. 메리케이

애시 회장은 직원과의 선약을 이유로 백악관 초청에 불참하기도 했다. 화가 나더라도 항상 직원들의 머리에 '나는 존중받고 싶다'라는 표찰이 붙어 있다고 생각하며 참으면서 직원들을 존중하는 경영을 펼쳤다. 직원에 대한 존중과 사랑이 직원 감동으로 이어져 세계적인 화장품 회사를 일군 사례다.

**사업 성공보다 중요한 것은 직원의 행복과 성장**

18년 동안 경영을 하면서 '어떤 사업을 할 것인가?' '어떻게 경쟁에서 이길 것인가?' '어느 나라에 진출할 것인가?' 같은 사업적 고민보다 더 많이 고민한 것이 인사와 조직 이슈다. '어떻게 하면 좋은 인재를 확보할 수 있을까?' '어떻게 하면 직원을 성장시킬 수 있는가?' '직원 행복을 위해서 무엇을 해야 하는가?' '직원이 '와우!' 하는 회사는 어떻게 만들 것인가?' '어떻게 바람직한 미래형 기업문화를 만들어갈 것인가?' 등에 더 많은 신경을 써온 것이 사실이다. 사업 성공보다 더 중요한 것이 직원의 행복과 성장이었다 해도 과언이 아니다.

경영을 잘한다는 것은 구성원의 잠재력을 100퍼센트 발휘케 해서, 모두가 불가능하다고 생각하는 것을 이뤄내는 것이다. 그러기 위해선 직원 최우선 원칙은 선택이 아닌 필수 사항이다. 100세 정년, 5년마다 부여하는 유급 학습휴가제도, 365학점제도, 매주 금요일 아침의 명사 특강, 무제한 자율휴가제도, 수평조직 등 세상에 많이 알려진 휴넷의 조직과 기업문화는 모두 직원 최우선의 원칙하에서 만들고 발전시켜 온 것들이다. 한 번뿐인 소중한 인생을 휴넷과 함께 보내고 있는 직원들을 행복하게 하고 성공적인 인생을 살게 돕는 것, 우리 직원들이 잠재력을 100퍼센트 발휘해서 100점 인생을 살도록 돕는 것, 직원들이 인생을 마칠 때 휴넷에서 근무한 것이 내 인생의 행복이었다고 말할 수 있도록 돕는 것이 곧 나의 의무이고 회사의 의무라는 생각을 갖고 만들어온 것이다.

**재미있는 회사, 행복하게 일할 수 있는 회사**

사업 초창기부터 직원의 성장과 행복을 위한 다양한 제도를 만들어서 시행했다. 1999년 창업 초기부터 주 5일제 근무를 실시했다(주 5일제 근무 법제화는 2000년대 중반에야 실시되었다). 일을 할 때는 확실하게 일하고 쉴 때는 확실히 쉬는 것이 좋다고 생각했다. 그리고 4년 근무자를 대상으로 한 달간의 안식휴가를 제공하는 제도를 만들었다(현재는 5년마다 유급 학습휴가제도로 정착되었다). 초기 입사자 중에는 학습휴가를 네 번이나 다녀온 직원이 탄생했다. 매년 이익의 10퍼센트를 전 직원과 공유하는 이익공유제도도 사업 초기부터 실시했다. 함께 고생해서 얻은 성과를 나눠가져야 한다는 생각에서였다.

직원 대표와 회사 대표로 구성된 직원행복경영위원회를 만들어 분기별로 한 번씩 직원 행복을 위한 아이디어를 모으고 실행했다. 그 결과 일률적인 아홉 시 출근보다는 자신의 업무 리듬에 맞추어

열 시 또는 여덟 시 출근을 선택할 수 있도록 한 시차출퇴근제도와, 신규 입사자가 최소한 월 하루의 연차를 사용할 수 있도록 하는 복지연차제도를 도입했다(복지연차제도는 현재 무제한 자율휴가제도로 개편되었다). 신입직원의 빠른 정착을 기존 사원이 도울 수 있도록 '버디버디제도'도 만들었다. 세상에서 가장 공부 많이 하는 회사를 만들기 위해 다양한 교육제도도 만들었다.

일과 가정이 양립할 수 있는 문화를 위해 주말농장도 운영했고, 육아휴직도 상사 눈치 보지 않고 편안하게 쓰도록 했다. 현재 휴넷에는 평균적으로 열 명 남짓한 사원들이 육아휴직에 들어가 있고 육아휴직을 끝내고 복직하는 직원들이 90퍼센트에 육박한다. 대부분의 회사에서 육아휴직은 퇴직 전 활용하는 제도라는 인식과는 전혀 다른 결과다.

내가 가장 중요하게 생각하는 것은 직원들이 직장생활에서 재미를 느낄 수 있도록 돕는 것이다. 즐겁게 직장생활을 할 수 있는 제도와 이벤트를 찾아서 많이 적용해오고 있다.

매년 실시하는 전 직원 해외 워크숍에서는 전사 가요제가 열린다. 연예인 못지않게 끼를 발산하는 직원들이 많다. 일하기 바빴을 텐데 언제 저렇게 준비했나 싶을 정도로 대단한 열정을 뿜내는 직원들이 많다.

눈치 보지 말고 맘껏 휴가도 다녀오게 권장하고 있다. 휴가신청서 상의 '사유' 란을 없앴고, 급기야 올해부터는 무제한 자율휴가제도를 실시하고 있다. 법정 연차휴가 일수에 상관하지 말고 자율적으로 맘껏 휴가를 쓸 수 있도록 하는 제도다. 무제한 자율휴가제 실시 전에도 우리 직원들의 평균 연차 사용률은 90퍼센트를 넘는 수준이었다. 매년 신년을 맞아 첫째 주 금요일에 회사에 출근하지 않고 전 직원이 청계산에 오르는 신년 산행도 10년이 넘게 진행되고 있다.

10월 9일은 한글날이자 휴넷의 창립기념일이다. 이때를 전후해 날을 잡아 전 사원이 한마음 운동회로 하루를 보낸다. 물론 모든 행사는 평일에 하는 것이 원칙이다. 매월 열정, 성과, 헬퍼 등 다양한 분야에서 베스트 직원을 선발해 월례조회석상에서 시상을 하고, 매년 말에는 베스트 신인상, 리더상, 팀워크상 등을 모아 총 10개의 분야에서 휴넷인 상을 시상한다. 축구, 볼링, 봉사, 우쿨렐레 등 각 분야별로 사내 동호회를 지원한다. 정년 100세 기업임을 명문화해 정년에 구애받지 않고 일할 수 있도록 했다.

너무 많은 제도와 이벤트 때문에 일에 지장을 받는다고 불평하는 직원도 가끔 있다. 그러나 나는 일보다 더 중요한 것이 직장생활에서의 재미라고 생각한다. 인생은 행복하기 위해서 살아가기 때문이고, 즐겁게 일할 수 있는 분위기를 만들어주면 하지 말라 해도 스스로 알아서 더 열심히 일하게 되기 때문이다.

이러한 휴넷의 노력이 밖으로 알려지면서 뜻하지 않게 분에 넘치는 인정과 사랑을 받았다. '노사문화 우수기업', '일하고 싶은 중소기업', '남녀고용평등 우수기업 대통령상', '인적자원 개발 우수기관

인증', '일-가정 양립 우수기업', '인재육성형 중소기업', '가족 친화 우수기업 인증' 등 다양한 상을 받았다. 그중에서도 잡플래닛과 포춘 코리아가 수여하는 '일하기 좋은 베스트 컴퍼니 시상식'에서 중소기업 종합부문 최우수상과 사내문화 우수상을 받았을 때가 가장 기뻤다. 전·현직 직원들의 비밀 평가에 의해 수상이 결정되기 때문이다. 직원들이 잡플래닛에 올린 평가 중 일부를 보면 다음과 같다.

"기업문화 정말 좋은 회사, 사람이 좋은 회사."
"경험과 성장의 기회가 많은 회사입니다."
"늘 변화와 혁신을 강조하다보니 힘들 수도 있지만 그만큼 나를 성장할 수 있게 만드는 회사입니다."
"일 배우기 좋고, 복리후생 좋고, 행복하게 일할 수 있는 기업."

이런 노력들이 쌓이면서 최근 들어 TGIM, 즉 월요일에 출근하고 싶다는 직원들의 이야기도 종종 듣게 된다. 한편으로 뿌듯하고 한편으로는 더욱더 잘해야겠다는 채찍으로 받아들인다.

휴넷 직원은 누구나 입사 후 3개월 동안 베이직 코스를 밟게 된다. 3개월 동안 직원도 회사를 평가하고, 회사도 미래를 함께할 만한 직원인지 평가한다. 최근 베이직 코스를 통과한 직원의 리포트를 살짝 공유한다.

휴넷이라는 회사가 저의 첫 직장인 것이 참 다행이고 또 다행입니다.^^ 이렇게 건강하고 건전한 마인드로 일하는 회사가 과연 몇이나 될까 생각합니다. 배울 점이 차고 넘칠 정도로 아직 많이 부족하지만 회사 안에서 더욱 성장해나갈 저의 모습을 생각하며 오늘도 즐겁게 웃으며 일을 할 수 있습니다. 출근하는 것이 기대되는 회사. 월요일이 기다려지는 회사. 그런 회사를 만난 것 같아 무척 뿌듯하고 기쁩니다. 앞으로 업무 외적인 모습 역시 더욱 휴넷인에 맞게 개선하고 성장시키도록 노력하겠습니다.

모든 직원들이 월요일에 출근하고 싶은 회사, 직원이 '와우!' 하는 회사를 만든다는 초심을 잃지 않고 꾸준히 나아갈 것을 스스로 다짐해본다.

# 2
# A급 인재만 채용하라

대한민국 성인이면 누구나 '삼고초려三顧草廬'에 대해서는 잘 알고 있을 것이다. 스스로 황족이라 칭하는 50대 초반의 유비가 관우·장비와 도원결의를 한 뒤, 널리 인재를 구하기 위해 수소문을 해 어느 산골에 사는 20대 후반의 제갈공명을 추천받아 찾아가는 이야기다. 공명은 유비가 처음 찾아왔을 때 자리를 피해버렸다. 화가 날 듯도 한데 유비는 재차 제갈공명을 찾아 행차하고, 공명은 두 번째 역시 자리를 피해버린다. 보통 사람 같으면 괘씸하다고 생각해 포기할 듯도 한데 유비는 세 번째 찾아가고, 결국 유비의 사람됨을 시험한 제갈공명이 유비를 따르게 된다는 것이 핵심 내용이다.

    한두 번에 포기해 버렸다면 과연 유비가 삼국 중 하나를 일으켜 세울 수 있었겠는가 자문해 보면 그러지 못했을 것이 자명하다. 다시 말하면 삼고초려를 해서 제갈공명을 얻었기에 유비가 성공할 수 있었던 것이다. 만약 내가 국가대표 축구 감독이거나 프리미어 리그의 맨체스터 유나이티드 감독에 임명되었다면 가장 먼저 무엇을 할까? 당연히 전 세계를 통틀어 가장 뛰어난 축구 선수를 탐색하고, 그 선수를 스카웃하는 작업을 우선하게 될 것이다. 최고의 선수들로 구성되어야 최고의 성과를 거둘 수 있기 때문이다.

기업도 마찬가지다. 삼고초려, 십고초려를 해서라도 핵심인재를 모셔와야만 기업이 성공하게 된다. 이 사람들이 사업도 키워나가게 된다. 즉 사업 확장 전략도 결국은 S급 인재를 확보하는 것과 같다고 할 수 있다. 아무 직원이나 뽑아서 최우선으로 행복하게 해주는 것이 아니라 적합한 사람을 뽑아 그들에게 최우선적으로 도움을 주어야 한다.

### 기업 경영 Rule No.1: 핵심인재 확보

1985년 경영학과에 입학한 이래 30년 넘게 이론과 실무를 통해 경영을 익혀왔다. 지난 경험과 학습을 통해 볼 때 경영의 첫 번째 원칙은 사업을 함께 키워갈 핵심인재를 확보하는 데 있다고 단언할 수 있다.

구글의 인사 담당 부사장을 역임한 라즐로 복은 자신의 책《구글의 아침은 자유가 시작된다》에서 IT 부문의 핵심인재와 일반 직원의 생산성 차이가 300배에 이른다고 말하고 있다. 경험상 충분히 공감이 가는 내용이다.

많은 경영자들이 '핵심인재 확보 여부가 기업 성공의 가장 큰 척도'라는 사실에 동의함에도 불구하고 실제로 최고의 핵심인재를 확보하기 위해 많은 시간과 노력을 기울이는 경영자는 찾아보기 힘들다. 당장 급하고 중요한 일에 치이다보면 우선순위는 늘 뒤로 밀리게 된다.

이러한 비판에 나 스스로 자유롭지 못하다. 나름 인재의 중요성을 깨닫고 좋은 인재를 확보하기 위해 노력했지만, 핵심인재 확보에 경영의 최우선 가치를 두고 그만큼의 시간과 관심을 쏟았는지 자문해보면, 그러지 못했다는 생각에 늘 불편한 마음을 가졌던 것이 사실이다.

그레이트 휴넷을 선언하고 나서, 과거 15년을 돌이켜보았다. 나름 잘한 부분도 있었지만 가장 아쉬운 부분이 바로 핵심인재 확보에 투자를 덜한 부분이었다. 인재경영실과 임원을 포함한 리더급 관리자들에게 선언했다.

"앞으로 휴넷은 A급 이상의 인재만 채용한다."

물론 회사는 A급 이상의 인재만으로는 돌아갈 수 없다. 함께 일할 B급 인재들도 필요하고, 그들의 도움 없이는 위대한 회사로 성장할 수 없다. 그러나 A급인 줄 알고 채용했음에도 그중에 일부는 B급 인재가 섞여 있거나, A급 인재였다가 B급 인재로 떨어지는 경우도 분명히 있을 것이다. 처음부터 B급을 채용하면 그중 상당수는 C급으로 떨어질 것이 자명하다. 종합적인 고려하에 향후에는 A급 이상 인재만을 뽑기로 했던 것이다.

그동안에도 엄격한 절차를 통해서 인재 채용을 해왔는데, 이후로는 더욱더 엄격한 절차를 통해서 채용을 하게 되었다. 과거에는 1차와 2차 인터뷰에서 긴가민가 의심스러우면 최종 면접에 올리곤 했었는데, 이제는 1~2차 인터뷰를 했던 사람들이 상호협의한 후에 확실한 A급이라고 확신하는 경우만 최종 면접을 직접 보겠다고 선언했다. 빠르게 A급 인재가 늘어났고, 입사한 직원의 이직률이 현저히 낮아진 성공적인 결과를 얻게 되었다.

A급 이상의 인재 확보를 위해서는 불법이 아닌 이상 수단과 방법을 가리지 말아야 한다. 휴넷 역시 사내 직원의 추천, 헤드헌팅, 공개채용, 신입 공채 등 강구할 수 있는 모든 수단과 방법을 동원해 우수 인재를 확보하기 위해 노력하고 있다. 특히 사내 직원 추천을 통한 경우가 성공 가능성이 가장 높은 것으로 나타나고 있다. 직원 최우선의 원칙의 중요성을 새삼 깨닫게 된다.

### 엄격하게 채용할수록 성공 확률은 높아진다

휴넷의 채용 절차 중 몇 가지 특징적인 내용을 소개하면 다음과 같다.

첫째, 채용 절차가 매우 엄격하다. 기본적으로 서류전형을 통과한 후보자를 대상으로 3단계 인터뷰를 진행한다. 인재경영실에서 태도와 인성, 휴넷웨이 적합도를 평가하고, 해당 실무 부서에서 능력과 자질을 검증한다. 이렇게 해서 미리 배포된 평가표에 맞춰 상호 협의를 거쳐 A급이라는 확신이 들면 최종 면접관인 사장이 마지막 인터뷰를 한 뒤 인재경영실장, 해당 사업부 대표와 3자 평가를 통해 최종 합격 여부를 결정한다. 물론 업무 편의상 인재경영실과 실무 부서 책임자가 함께 인터뷰를 하는 경우도 있고, 최근 들어 연간 채용인원이 100명 가까이에 이를 만큼 증가하여 특정 부서의 하위 직급은 사장 인터뷰 없이 채용하기도 한다.

특히 팀장이나 임원은 더욱 엄격한 절차를 통해서 채용한다. 팀장의 경우 함께 일할 해당 팀원들이 인터뷰에 참여하고, 임원의 경우 동료 임원들이 함께 참여해서 적합한 후보자를 골라낸다. 상위 직급일수록 채용 실패가 가져오는 후유증이 큼에도 불구하고 그동안 기밀을 유지한다는 목적에서 사장 혼자서만 인재경영실 도움을 받아 평가하고 채용을 해서 여러 번 쓰라린 경험을 했다. 기밀보다 중요한 것은 객관적이고 엄격한 평가라는 생각을 하게 되어 최대한 많은 사람들이 평가할 수 있도록 채용 절차를 한층 더 강화했다.

둘째, 무스펙 채용이다. 새로운 정부 들어 공기업 중심으로 확산되고 있는 블라인드 채용을 휴넷은 이미 채택하고 있다. 창업 초기부터 학력과 학벌, 성별과 지역 차별을 하지 않고 채용하는 정책을 펴왔다. 지금까지 수백 명을 채용해 함께 일해왔지만 학벌과 업무 성과는 거의 아무런 상관관계가 없었다. 오히려 학벌을 신경 쓰다 보면 다양한 부작용이 나타났다. 그럼에도 불구하고 학벌이 좋은 후보자는 더 높은 점수를 주고, 학벌이 좋지 않은 후보자는 선입견을 가지고 판단할 수밖에 없는 평가자 오류를 없애기 위해 앞으로는 학력란을 아예 없앨 계획이다. 인터뷰와 평가 과정이 더 신중해지고 학벌에 관계없이 우수한 인재를 뽑는 데 크게 기여할 것으로 기대한다.

셋째, 태도와 인성, 휴넷웨이와의 적합성, 능력과 자질을 골고루 평가한다.

가끔 강의를 하게 되면 이런 질문을 한다.

"인성 80점, 역량 20점인 후보자 A와, 인성 20점, 역량 80점인 후보자 B중 누구를 뽑겠습니까?"

경험상 80퍼센트는 A를 뽑겠다고 한다. 인성과 태도가 능력보다 더 중요하고 더군다나 인성과 태도는 잘 바뀌지 않는다는 논리다. B를 뽑겠다는 20퍼센트의 사람들은 당장 쓰기에는 능력이 있는 사람이 낫다는 논리를 편다. 그러나 내 생각은 다르다. 내가 생각하는 정답은 '둘 다 뽑지 않는다'다. 둘 다 뽑지 않고 더 노력을 하면 언젠가는 인성과 능력 모두 80점 이상인 후보자가 나타나기 마련이다. 급한 마음에 뽑아놓고, 후회하는 경우가 다반사다.

"대부분의 회사에서 사람들은 인재 선발에 2퍼센트의 시간을 들이는 반면, 채용 실수를 관리하는 데 74퍼센트의 시간을 소비한다."

리처드 페어뱅크 캐피탈원 회장의 따끔한 지적이다. 의심스러우면 채용하지 말아야 한다. 의심스러우면 뽑지 말고 마음에 드는 적합한 사람을 찾을 때까지 채용 노력을 계속해야 한다.

## 휴넷의 4C4U(4C for you) 인재상

일에 몰입하는 열정을 가진 사람(Commitment & Passion)
끊임없이 학습하는 사람(Continuing Learning)
매사에 CEO마인드로 임하는 사람(CEO Mind)
변화와 창조를 즐기는 사람(Change & Creation)

HUNET STORY

휴넷은 인성과 태도 그리고 능력과 자질은 물론, 휴넷웨이와의 적합성을 반드시 평가한다. 특히 교육에 대한 사명감 부분을 크게 본다. 사전에 인터뷰 질의서를 공유하고, 현업 팀장들의 인터뷰 스킬을 지속적으로 높이기 위한 교육을 자주 실시함으로써 채용 성공 가능성을 높이기 위한 노력을 다각도로 전개한다. 우리는 이미 오래 전에 4C4U라는 휴넷의 인재상을 정해 놓았다. 이 인재상 역시 채용 여부를 평가하는 중요한 척도가 된다.

넷째, 베이직 기간을 통해 한 번 더 검증한다. 채용이 결정되면 반드시 3개월 시용 계약을 하게 된다. 회사 입장에서는 채용 실패를 만회할 수 있는 마지막 기회가 되고, 후보자 입장에서도 함께할만한 회사인지를 평가해서 마지막 선택을 할 수 있는 기회가 된다. 베이직 기간이 끝나면 상사와 동료들이 능력과 인성, 휴넷웨이와의 적합성을 평가해서 최종 판단을 하게 된다. 실제 베이직 기간 탈락률이 10~20퍼센트 정도에 이른다.

베이직 평가에서는 역량과 인성 태도 등을 종합적으로 평가한다. 그리고 맨 마지막으로 다음과 같은 두 가지 질문을 통과한 경우만 최종합격을 하게 된다.

1) 위 사람을 지금 다시 채용한다면 채용하시겠습니까?
2) 위 사람이 스스로 그만두겠다고 하면 붙잡겠습니까?

엄격한 잣대를 통해 채용 성공 가능성을 높이기 위한 조치다. 팀장급 이상의 리더 그룹은 베이직 평가에서도 더 엄격한 평가 과정을 거친다. A급 리더로 평가받지 못하면 아쉽지만 헤어지는 길을 택할 수밖에 없다. B급 리더가 A급 조직을 만들 수는 없기 때문이다.

최근에 퇴사 보너스 제도를 도입하기로 했다. 베이직 평가를 통과한 시점에 '만약 지금 퇴사하면 200만 원을 현금으로 지급해 드립니다. 퇴사하시겠습니까?'라는 질문을 하고 본인이 퇴사 여부를 결정하게 하는 제도다. 200만 원이 필요해서 퇴사할 직원이라면 빨리 그만두는 것이 본인을 위해서나 회사를 위해서나 좋은 일이다. 만약 본인이 퇴사 보너스를 거부하고 계속 다니기로 했다면 회사와 일에 대한 자부심이 그만큼 커지는 효과가 있을 것으로 기대한다. 당장의 돈을 포기하고 회사를 선택한 만큼 자부심을 가지고 일에 몰입할 가능성이 커진다고 믿기 때문에 과감하게 도입을 결정했다. 퇴사 보너스를 받아간 직원이 전혀 없지는 않지만 그로 인한 손실보다는 긍정적인 효과가 더 큰 것으로 판단하고 있다.

## 비정 vs. 엄격, C급 인재 관리

인재 전쟁과 관련해서 경영자들이 가장 골머리를 썩는 문제가 바로 C급 인재와 관련된 일이다. 수년 전 코스닥 상장 기업의 사장님 두 분과 식사를 함께 한 적이 있었다. 한 분이 갑자기 "인사에 대한 고민이 많아서 수면제 없이는 잠을 이루지 못한다"라고 말했다. 깜짝 놀랐다. 그런데 바로 옆의 사장님도 "나도 그렇다"며 거들었다. 코스닥에 상장할 정도의 나름 성공한 기업을 경영하는 사장님들조차도 인사 문제 때문에 밤에 잠을 제대로 자지 못할 정도로 고민이 많다는 것을 새삼 깨닫는 계기가 되었다.

경영자를 상대로 강의를 하다보면 가장 많은 질문이 나오는 분야가 바로 사람과 관련된 분야다. 그만큼 중요하다고 생각하면서도 제대로 실마리를 찾지 못하고 있다는 증거다. 그중에서도 가장 큰 골치는 바로 C급 인재에 관련된 문제다. 가장 생산성이 낮은 C급 인재 문제 때문에 경영자들이 가장 크게 고민하고 있는 것은 안타까운 일이다. 다시 한 번 강조하지만 직원 최우선의 원칙은 아무 직원이나 뽑아서 다 잘해주라는 것은 아니다. 적합한 사람을 채용해서 그들에게 잘해주라는 이야기다.

C급 인재는 본인뿐만 아니라 동료, 상사, 경영자, 조직 모두에게 악영향을 끼친다. 따라서 C급 인재를 그대로 방치해서는 절대 안 된다. 휴넷은 C급 인재를 이렇게 관리한다. 엄격하고 공정한 평가를 통해 C급 인재로 판명이 나면 가장 먼저 그 사실을 현실 그대로 당사자에게 알린다. 그런데 직속 상사에게만 맡길 경우 곤란한 상황을 회피하는 성향이 있어서 제대로 피드백하지 못하는 경우가 다반사다. 그래서 반드시 인재경영실장이 이중으로 통보하는 절차를 두었다. 놀랍게도 상당수는 자기가 C등급이라는 것을 전혀 몰랐다는 반응을 보인다. 그 다음에 6개월 동안 집중적인 코칭을 통해 B급으로 올라갈 수 있도록 돕는다. 경험상 절반 정도는 B급 평가를 받게 된다. 6개월이 지나도 여전히 C급에 머물 경우 3개월의 기간을 두고 새로운 일을 찾아보게 한다. 그동안에는 출근하지 않아도 되고, 만약 바로 퇴직하게 되면 3개월의 급여를 지급한다. 다음 달에 퇴직하면 2개월의 급여, 마지막 3개월째까지 새로운 일을 찾지 못하게 되면 1개월의 급여와 함께 회사를 떠나게 한다.

　비정해 보일 수 있으나 그렇게 해서라도 자신에게 맞는 일을 찾게 하는 것이 좋다. 어차피 C급으로 계속 남아 있는 것은 본인도 불행하고, 동료나 회사를 위해서도 불행한 일이다. 우리 회사에서는 C급 인재였으나 본인에게 맞는 일을 찾았을 경우 B급 또는 A급 이상의 인재로 탈바꿈할 가능성도 충분히 있다고 본다. 사람이 문제가 아니라, 맞지 않은 자리였을 수도 있기 때문이다.

# 3

# Leadership is everything

창업 3년이 지난 시점에 갑자기 리더십 위기가 찾아왔다. 뭔지 모르게 느낌이 좋지 않았다. 직원들이 자꾸 눈을 피하고, 내가 하는 주장에 동조하지 않는 현상이 많아졌다. 신뢰가 깨지고 있다는 느낌이 들었다. 나는 이것을 리더십 위기로 규정했다. 본격적으로 내 리더십의 문제점에 대해 고민하기 시작하는 한편, 지금까지 제대로 리더십을 공부하지 않았다는 반성을 하게 되었다.

특별한 주제를 공부해 마스터하는 나만의 방법은 해당 분야의 책을 100권 정도 구입해 차례대로 읽어나가는 방식이다. 국내외를 통틀어 유명한 리더십 분야 서적 100권을 사서 한 권씩 읽기 시작했다. 30권이 넘어가고 50권에 이르렀을 때 리더십이 뭔지 감이 잡히기 시작했다. 100권을 다 독파하고 나니 리더십에 대한 개념 정의를 할 수 있었고, 리더십 유형, 리더의 자질과 특성에 대해서도 나름대로 정리할 수 있는 수준까지 이해하게 되었다. 또한 리더로 성장하기 위해선 어떻게 해야 하는지도 알게 되었다.

이렇게 쌓인 리더십 지식을 바탕으로 외부 강의도 하고, 〈리더피아〉라는 리더십 전문잡지를 국내 처음으로 발간하기도 했다. 〈조선일보〉 위클리 비즈 창간 작업에 참여해서, 6개월 동안 총 20회에 걸쳐 '글로벌 리더십 탐구'라는 주제의 칼럼을 쓰기도 했다. 잭 웰치, 스티브 잡스, 빌 게이츠, 마쓰시타 고노스케, 이나모리 가즈오, 하워드 슐츠, 리처드 브랜슨 등 세계적으로 인정받는 20여 명의 경영자 리더십을 심층 분석하여 매주 원고지 12매 분량의 칼럼을 쓰는 것은 결코 쉽지 않은 일이었다. 그러나 경영자의 리더십에 대해선 어느 정도 마스터하게 되었다는 자신감을 갖는 계기가 되었고, 학습한 대로 조금씩 리더십을 연마해서 나름대로 점차 좋은 리더로 성장할 수 있었다. 리더십 위기는 금세 극복할 수 있었다.

## 위대한 리더 없이 위대한 회사는 없다

보통 한 회사의 성공 여부는 적게는 60퍼센트에서 많게는 70퍼센트까지 리더에 달려 있다고 한다. 몇몇 전문가의 경우 회사의 성패는 90퍼센트가 리더에 달려 있다는, 다소 극단적인 주장을 하기도 한다. 그만큼 리더십이 중요하다. 그래서 나는 늘 '리더십이 가장 중요하다' 혹은 '리더십이 모든 것이다'는 의미에서 'Leadership is everything'이라는 문구를 강조해서 사용한다.

휴넷은 여기저기서 좋은 회사라는 말을 많이 들을 정도로는 성장을 했다고 자부한다. 그러나 좋은 것은 위대한 것의 적이다. 휴넷은 이제 좋은 회사를 뛰어넘어 위대한 회사를 향해 새로운 도전을 시작했다. 위대한 회사를 만들기 위해서는 나를 포함해서 리더들이 모두 위대한 리더가 되어야 하는 것이 첫 번째 선결과제다.

좋은 리더십만으로는 결코 위대한 회사를 만들어갈 수 없다. 한때는 내가 과연 위대한 회사를 만들 만큼 위대한 리더가 될 수 있을까 하는 자괴감이 들기도 했다. 그래서 마쓰시타 고노스케, 이나모리 가즈오, 스티브 잡스 등 위대한 리더의 반열에 오른 글로벌 경영자들의 리더십을 다시 한 번 깊이 살펴보게 되었다. 놀랍게도 그들도 처음부터 위대한 리더는 아니었다. 조금씩 성장을 거듭해 어느 순간 위대한 리더로 성장했고, 그 결과 위대한 회사를 만들었던 것이다.

중요한 것은 성장을 멈추지 않는다는 것이었다. 대부분 알고 있는 대기만성大器晚成이라는 사자성어는 '큰 그릇은 늦게 이뤄진다'는 뜻이다. 조급해할 필요 없이 우보만리牛步萬里의 자세로 위대한 리더를 향한 발걸음을 걸어가면 되는 것이다. 혹자는 대기만성의 뜻을 '큰 그릇은 결코 완성되지 않는다'의 뜻으로 해석하기도 한다. 결국 생을 마칠 때까지 끝없이 갈고 닦아야 한다는 의미라 할 수 있다. 나에게는 아직 시간이 많이 남아있다. 휴넷의 정년 100세를 채울 때까지 갈고 닦으면 충분히 위대한 리더로 성장할 수 있다고 믿는다.

중간 리더들의 리더십 역시 중요하다. 여러 경험을 통해 사장의 리더십이 뛰어나다고 해서 무조건적으로 조직 전체의 성과가 좋아지는 것은 아니라는 사실을 알게 되었다. 만약 사장 아래 있는 세 명의 본부장 중에 두 명은 A급 리더이고, 한 명은 C급 리더라 가정하면, 사장의 리더십이 제 아무리 뛰어나더라도 C급 리더가 맡고 있는 본부는 C급 성과밖에 내지 못한다. 마찬가지로, A급 본부장 아래 세 명의 팀장이 있고 그중 한 명의 리더십이 C급이라면 해당 팀의 성과는 C로 떨어지게 되어 있다. 그 조직 구성원의 만족도는 현저히 떨어지고 이직률도 금세 높아지는 게 일반적이다. 실제로 이직 사유의 가장 큰 부분은 직속 상사와의 갈등이다. 곧 리더십의 문제인 것이다. 경험으로 확인한 사실이다.

따라서 경영자는 자신의 리더십을 끊임없이 계발함과 동시에 예하 조직 리더들의 리더십을 끌어올리는 역할을 해야 한다. 중간 리더들의 리더십을 끌어올리는 데는 다양한 방법이 있다. 무엇보다도 채용과 임명에 주의를 기울여야 한다.

휴넷에서는 리더급 인재를 채용할 때는 일반 직원 채용에 비해 훨씬 더 엄격한 프로세스를 적용한다. 채용 후 3개월이 된 시점에 평가하는 베이직 평가에서 A등급을 받지 못하는 리더는 안타깝지만 그 시점에서 각자의 길을 가는 것을 원칙으로 하고 있다. 팀장 예비자들을 미리 지명하여 사전에 충분한 훈련을 시키는 것도 매우 중요하다. 임명과 동시에 탁월한 선배 리더에게 일정기간 코칭을 받도록 멘토 제도를 운영하는 것도 좋다.

휴넷에서는 리더십 칼리지 프로그램을 마련해 팀장 이상 임직원들에게 온라인 오프라인 교육을 체계적으로 시행한다. 또한 매월 리더십 TED를 통해 리더급 중 모범 사례를 뽑아 동료 리더들에게 강의하고 서로 토론하는 자리를 정례적으로 마련한다. 페이스북에는 따로 수다방을 마련해 리더십 배양에 도움이 되는 자료를 찾아 서로 올려주기도 한다. 사장은 임원들을 집중적으로 코칭하는 것을 의무로 하고, 사업부 대표를 비롯한 임원에게는 수시로 팀장을 크칭하게 한다. 팀장 리더십 육성이 각 사업부 대표의 최우선적 임무라는 것을 강조하고 있다.

### 엄격한 평가, 리더 양성의 시작

그러나 단순히 학습만 가지고는 리더를 크게 성장시킬 수 없다. 가장 강력한 방법은 구체적인 평가를 통해 부족한 부분을 집중적으로 키워주는 방식이다.

우리는 매년 두 번씩 리더십 평가를 실시한다. 팀원들은 팀장을 평가하고 사업부 직원들은 사업부 대표를 평가한다. 휴넷웨이, 비전, 코칭과 육성, 동기부여, 변화와 혁신, 성과 달성 등 각각의 소주제별로 4~5개씩 총 30여 개 문항에 걸쳐 매우 상세하게 평가한다. 이에 그치지 않고 스스로 자신의 리더십을 평가하게 하여 직원들의 평가 결과와 비교해 볼 수 있게 한다. 자신이 모르는 자신의 단점을 부하직원들이 제대로 지적해주는 경우가 많다. 물론 동료 평가도 병행한다. 그러나 경험으로 볼 때 동료 평가는 크게 도움이 되지 않는다. 서로서로 좋게 평가해주는 관대화 경향이 크게 나타난다.

리더들에 대한 상향 평가의 경우 평가 결과는 대부분 사장인 내가 평상시에 생각하는 대로 나오는 경우가 많다. 그러나 가끔은 전혀 생각지도 못했던, 곪아있는 조직의 문제가 드러나기도 한다. 평가 결과는 본인에게 통보되고, 사장과 직속 상사가 구체적인 피드백과 더불어 코칭을 하게 된다. 만약 어떤 리더가 다른 부분은 다 좋은데 인간관계 리더십이 약하면 그 부분에 대해 족집게 코칭을 실시하기도 한다.

평가 점수는 인사 고과에 반영하지 않는다. 리더와의 관계가 좋으면 점수를 높게 주는 경향이 있기 때문이다. 그러나 평가 결과 C급으로 판정되면 리더의 자리에서 내려오게 한다. C급 리더는 조직원 전체를 C급으로 끌어내리기 때문에 C급 리더로 확인된 이상 오래 방치해서는 안 된다. 위대한 회사로 성장하기 위해 리더는 전원 A급 이상이 되어야 한다. 만약 B급 리더가 발견되면 최단 시간 내 집중적인 코칭을 통해 A급 리더로 성장시켜야 한다. 오랫동안 B급 리더에 머물면 당연히 리더의 자리에서 내려오게 해야 한다. 그렇지 않으면 조직 전체가 곧 B급으로 추락하기 때문이다.

나는 리더십 평가 결과를 인사 배치에 있어 가장 중요한 척도로

**휴넷 리더십 평가표**

| 문항 | 분류 |
|---|---|
| 1. 리더(팀장/사업부 대표/실장) 스스로 회사의 비전과 전략 방향을 명확히 이해하고 있다.<br>2. 팀원들에게 회사와 팀의 비전과 전략 방향에 대해 수시로 이야기한다.<br>3. 우리 리더는 내가 하는 일에 자부심을 가질 수 있도록 '일의 의미와 가치'를 충분히 부여해준다. | 비전 |
| 4. (핵심가치, 휴넷문화 등) 휴넷웨이에 따라 가치를 판단하고 의사결정한다.<br>5. 회사생활 및 업무 관련 커뮤니케이션에 있어 휴넷웨이의 중요성에 대해 자주 이야기한다.<br>6. 휴넷웨이를 솔선수범해서 행동으로 모범을 보인다. | 휴넷웨이 |
| 7. 우리 리더는 관리자 마인드가 아닌 기업가 정신과 CEO 마인드로 일을 수행한다.<br>8. 실패를 두려워하지 않고, 현실에 안주하기보다는 새로운 변화와 도전을 즐긴다.<br>9. 주어진 임무 수행에 만족하지 않고 늘 스스로 도전적인 목표를 설정하는 편이다.<br>10. 우리 리더는 주어진 여건에서 최선을 다하는 것을 넘어 부족한 자원을 확보해서라도 기필코 목표를 달성하는 편이다. | 변화와 혁신<br>CEO 마인드 |
| 11. 나는 리더로부터 존중받고 인정받는다는 느낌을 크게 받는다.<br>12. 힘이 되는 격려, 칭찬을 자주 하는 편이다.<br>13. 우리 리더는 구성원들의 자율적 의사결정을 존중해주고, 지나칠 정도로 간섭하지 않는다.<br>14. 부하 직원들의 의견과 아이디어, 고충을 잘 경청하고, 문제를 잘 해결해준다.<br>15. 하고 싶은 이야기가 있을 때는 언제든 편안하게 이야기할 수 있다.<br>16. 조직 활성화와 팀워크 빌딩에 많은 노력을 기울인다. | 동기부여<br>임파워먼트 |

| | |
|---|---|
| 17. 업무 진행사항, 나의 강점과 약점 등에 대해 수시로 / 제때 명확하게 피드백한다.<br>18. 리더는 지난 6개월간 경력개발과 관련해 나와 의미 있는 대화를 나눈 적이 있다.<br>19. 구성원의 성장에 관심을 가지고 육성을 위해 적극적으로 노력한다.<br>20. 편애하지 않고 공정하게 대하며, 객관적으로 평가해준다. | 코칭과 육성 |
| 21. 우리 리더는 구성원들과 소통하면서 팀의 목표를 명확하게 제시한다.<br>22. 관련 분야의 전문지식과 스킬을 충분히 보유하고 있다.<br>23. 공격적으로 업무를 추진하며, 타이밍을 놓치지 않고 제대로 실행한다.<br>24. 업무 장애 요인, 조직 내 여러 가지 문제를 제때 제거해준다.<br>25. 타 부문과 협업을 돕고, 타 부문과의 갈등을 주도적으로 해결해준다.<br>26. 우리 리더는 다른 사업부 대표 및 사장님에게 얻은 정보를 적절하게 공유한다. | 실행력<br>성과 달성 |
| 27. 우리 리더는 스스로 회사 업무에 헌신하고 있어 모범이 된다.<br>28. 항상 윤리적이고 정직하며 투명하다. 매사에 진정성이 있다. | 인성 |
| 29. 우리 리더는 존경할만하고 믿고 따를만하다.<br>30. 우리 리더와 함께 일하면 늘 탁월한 성과를 창출하는 최고의 팀이 될 수 있을 것 같다.<br>31. 나는 나의 리더를 다른 직원들에게 추천할 것이다. | 리더십 종합 |

각 사업부 대표/실장 직책의 경우 아래 문항을 추가한다

| | |
|---|---|
| 32. 항상 새로운 기회를 발굴하고 이를 비즈니스와 연계하기 위해 노력한다.<br>33. 다양한 네트워크 채널을 구축해 시장과 고객에 대한 새로운 정보와 인사이트를 얻고 이를 의사결정에 활용한다.<br>34. 미래 관점에서 사업 전략을 수립하고 이를 전략적으로 목표와 과제에 반영한다. | 전략적 사고 |

활용한다. 그렇지만 직원 평가만으로 리더십을 평가하는 것은 위험하다. 내면을 면밀히 살펴보면 직원들이 새로운 변화에 저항하는 경우나, 일시적으로 사이가 안 좋은 경우 의도적으로 리더를 낮게 평가하는 경우도 없지 않기 때문이다. 반대로 리더십 평가 점수는 좋으나 실질적 성과 개선으로 이어지지 않은 경우도 다수 발생한다.

고맙게도 휴넷 직원들은 최소 90퍼센트에서 많을 때는 100퍼센트까지 상사 리더십 평가에 참여한다. 물론 익명으로 평가한다. 그리고 객관식 평가와 더불어 주관식 평가를 통해 한 치의 가감도 없이 있는 그대로 장단점을 지적해준다.

리더십 평가를 보고 심각하게 고민하는 리더의 경우는 다음번 평가에서 좋은 점수를 받는 경우가 많다. 위기의식을 느끼고 그만큼 더 노력하기 때문이다. 그러나 자기 평가 점수가 직원들 평가에 비해 현저히 높거나, 직원들의 평가 자체를 중요하게 생각하지 않는 리더는 리더십에 발전이 없는 경우가 많다. 외부환경이나 남 탓을 주로 하는 사람은 상황 개선을 위한 노력을 게을리하기 때문에 개선될 가능성이 낮은 것은 어찌 보면 당연한 일이다.

통계를 보면 점수가 높은 리더는 스스로 매긴 점수가 직원이 평가한 점수보다 조금 낮거나 비슷한 경우가 대부분이다. 반대로 자기 평가 점수가 높은 리더의 경우 대체적으로 직원들이 매긴 리더십 평가 점수가 낮다. 자기 객관화가 안 되는 리더, 자신이 잘하고 있다고 과신하는 리더는 발전 가능성이 낮음을 알 수 있다.

리더십을 너무나도 중요하게 생각하기에 내 시간의 많은 부분을 사업부 대표와 팀장 리더십 코칭에 쓰려고 한다. 최근에는 특정 사업부 대표의 리더십 코칭을 위해 해당 리더의 장단점을 평가하고 현재의 문제점과 개선점 등을 정리해보니 A4 용지로 여덟 장 분량이나 되었다. 매주 월요일 오전 한 시간씩 여덟 차례에 걸친 집중 코칭을 통해 단시간에 리더십 배양을 도와준 사례도 있다.

# 4

# 매직 플러스, 직원 행복의 해답을 찾다

**일은 인풋이 아니라 아웃풋이다**

우리나라 직장인의 평균 근로시간은 전체 35개 OECD 국가 중 멕시코 다음으로 두 번째로 길다. 연 1,400여 시간에 불과한 독일의 두 배를 넘는 수준이다. 반대로 노동 생산성은 꼴찌에서 두 번째로 낮다. 심각한 상황이다. 아직도 우리는 직원들이 일하는 모습을 눈으로 봐야만 마음이 편하다. 아직도 일을 투입으로 생각한다. 투입 시간이 많아야 일을 열심히, 잘 하는 것으로 생각한다.

우리나라 직장인들의 낮 근무 시간 몰입도는 현저히 낮다. 대신 상사의 눈치를 보고 정시에 퇴근하지 못하며 야근을 밥 먹듯이 한다. 몸은 피곤한데 성과는 낮다. 정시에 퇴근하는 사람은 늘 상사의 눈치를 살피고, 칼퇴근을 하는 사람은 회사에 대한 충성도가 낮은 것으로 간주되기도 한다.

솔직히 말하면 나도 한때는 그렇게 생각했다. 야근하고 있는 직원들이 더 예뻐 보이기도 했다. 그러나 지금은 생각을 완전히 바꾸었다. 일은 투입$^{input}$이 아니라 산출$^{output}$로 평가되어야 한다. 잘 쉬어야 더 집중해서 일할 수 있고, 집중해서 일해야 더 성과가 높아진다.

**직원 몰입에 대한 관심**

직원 몰입도$^{employee\ engagement}$라는 개념이 있다. 직원이 자신이 근무하는 기업을 위해 시간, 노력, 에너지 등을 얼마나 자발적으로 투자하는지를 나타내는 수치다. 글로벌 컨설팅기업인 타워스 왓슨이 조사한 바에 따르면 국내 기업들의 직원 몰입도 평균치는 15퍼센트 남짓이다. 반면 미국 기업의 평균치는 34퍼센트 정도이며 글로벌 일류 기업 중에는 60퍼센트를 넘는 곳도 있다. 2015년, 미국에서 매년 개최되는 HRD 전문 콘퍼런스인 ATD$^{Association\ of\ Talent\ Development}$에 참석하고 문화적인 충격을 받았다. 미국의 절반에도 훨씬 못 미치는 직원 몰입도를 보이는 한국 기업들은 직원 몰입에 거의 관심을 갖지 않는 반면, 미국 기업들은 어떻게 해야 직원 몰입도를 더 높일 수 있는지에 초점을 맞추고 있었다.

회사의 성공은 핵심인재를 얼마나 확보하느냐에 달려있다. 그러나 제 아무리 뛰어난 인재를 확보하더라도 그들이 몰입해서 일하지 않으면 의미가 없다. 물론 우수한 인재일수록 스스로 동기부여하고 스스로 몰입할 가능성이 높아진다. 그러나 아무리 우수한 인재라 하더라도 조건이 받쳐주지 못하면 장기간 몰입 상태를 유지할 수 없다. 그래서 직원 몰입은 회사 경영에 있어 매우 중요한 요소라 할 수 있다.

### 수많은 시행착오, 문제는 직원이 아니다

지난 15년간 행복경영을 실행하며 가장 많이 고민했으나, 가장 큰 시행착오를 한 것이 바로 직원 행복에 대한 것이다.

2003년 행복경영의 일환으로 직원 최우선의 원칙과 직원 행복경영을 선언하고 이를 위해 많은 노력을 해왔다. 그러나 결과는 썩 좋지 않았다. 직원의 행복도를 높이기 위해 직원 대표를 뽑아 직원 행복위원회를 구성하고 3개월에 한 번씩 소집했다. 매번 설문조사를 통해 회사에서 어떻게 해주면 좋을 것인지를 조사했다. 복리후생과 사무실 환경 개선 등의 요구가 주를 이뤘다. '공기 청정기를 설치해달라', '의자를 바꿔달라', '야근 수당을 달라', '휴가를 더 달라' 같은 소위 위생요인에 대한 요구가 많았다. 급여, 복리후생, 직업의 안정성과 같은 위생요인은 부족할 때는 올려줄수록 동기부여가 되지만, 어느 순간을 넘으면 더 이상 동기부여 요소로 작동하지 않는다. 연봉 7만 달러가 넘으면 연봉을 더 올려주어도 직원들의 동기부여에 영향을 끼치지 못한다는 조사 결과도 있다. 반면에 일의 의디, 칭찬과 존중, 자기계발, 자율과 참여 같은 요인은 많을수록 더 동기부여가 된다. 이름하여 동기요인이라 한다.

안타깝게도 행복경영을 선언한 지 십수 년이 지나도록 직원들의 요구 수준은 위생요인을 벗어나지 못했다. 솔직히 짜증이 날 때도 많았다. 배신감도 느꼈다. 우리 직원들 수준이 그것밖에 안 되나 하는 자괴감이 들 때도 많았다. 몇몇 임원들은 직원 행복경영, 직원 최우선의 원칙을 폐기하자고 주장하기도 했다. 그러나 행복경영과 직원 최우선의 원칙은 내가 회사를 경영하는 한 절대로 폐지할 수 없었다. 딜레마 상황이 계속되었다.

2015년 봄, 미국의 ATD 콘퍼런스 세션 중 하나에서 '매직$^{MAGIC}$' 이라는 단어를 보고 불현듯 깨달음이 왔다. 지금까지 직원 행복 부분에서 시행착오를 거듭한 것은 우리 직원들 때문이 아니라, 나와 회사가 문제였다는 것을 알게 되었다.

행복은 주관적이다. 결코 남이 가져다줄 수 없다. 자신이 스스로 노력과 연습을 통해 만들어가야 하는 것이다. 회사에서 직원 행복을 우선하겠다고 하고선, 휴넷이라는 회사 안에서 추구해야 할 행복을 구체적으로 정의해 놓지 않은 것이 잘못이었다. 우리가 추구하는 구체적이고 객관적인 행복에 대한 기준이 없으니 직원들은 동기요인이 아닌 위생요인에만 집착하고 있었던 것이다. 또한 마치 직원 행복경영이라는 것이 직원은 가만히 있어도 회사에서 알아서 행복하게 해주겠다는 뜻으로 해석하고 있었다. 그 결과 직원들은 적극적인 행복 개척자가 아닌, 소극적인 행복 소비자 상태에 머물러 있게 되었던 것이다.

이러한 잘못을 깨닫고 나서 이를 개선하기 위한 작업에 들어갔다. 직원들과 더불어 우리가 휴넷이라는 회사 안에서 함께 만들어갈 행복을 구체적으로 정의하기 시작했다. 전 직원을 대상으로 '여러분을 직업인으로서 행복하게 해주는 요소는 무엇입니까?' 하는 설문조사를 실시했다. 그 결과가 바로 매직 플러스$^{MAGIC^+}$다.

아울러 직원 행복은 회사가 일방적으로 만들어주는 것이 아니라 회사와 경영진, 직원들이 함께 손잡고 노력해서 만들어가는 것이라고 시간이 날 때마다 강조해서 이야기했다.

### 일의 의미를 스스로 찾게 하라

직원들과 함께 직원 행복, 직원 몰입의 대표 브랜드로 매직 플러스를 만든 다음, 이에 대한 공감대 확산 차원에서 회사 곳곳에 그 내용을 부착했다.

무엇보다도 중요한 '내가 하는 일의 의미'에 대해 스스로 생각할 수 있는 시간을 갖기 위해 30여 개 팀별로 하루씩 시간을 내어 'Meaning & Thanks'라는 이름의 워크숍을 실시했다. 또한 매직 플러스를 평가할 수 있는 지표를 130여 개로 구체화하고, 매년 말에 전 직원 대상 설문조사를 통해 그 지수를 평가한 뒤 지수가 낮은 항목과 지수가 낮은 부서를 집중적으로 분석해서 개선점을 찾고 있다. 거듭된 노력 끝에 이제는 전사 차원을 떠나 각 사업부별로 자체 기획한 다양한 활동을 통해 매직 플러스를 높여가는 단계에 이르고 있다.

이런 노력의 결과가 직원의 높은 몰입도로 나타나고 있다. 자체 평가에 의하면 휴넷의 직원 몰입도는 글로벌 선진기업들과 같은 수준인 60퍼센트를 넘어서고 있다.

그러나 아쉽게도 '나는 월요일에 출근하고 싶은 마음이 든다'라는 항목에는 35퍼센트의 직원들만이 그렇다고 답했다. 모든 직원이 월요일에 출근하고 싶은 회사라고 여기는 그날까지, 지속적으로 발전시켜 나갈 계획이다.

## 매직 플러스(MAGIC$^+$)

| | |
|---|---|
| Meaning | 교육으로 세상을 바꾸는 일에 자부심을 가지고 |
| Autonomy | 자율 속에서 주도적으로 참여하고 스스로 결정하며 |
| Growth | 일과 학습을 통해서 배우며 성장하고 |
| Impact | 탁월한 성과로 회사에 기여하고 이에 대한 인정과 보상을 받으며 |
| Connection | 뛰어난 동료와 더불어 하나되어 |
| + | |
| Fun | 하루하루 신나고 즐겁게 생활하면서 |
| Safety | 휴넷과 함께 평생 일하고 싶은 것 |

HUNET STORY

## 5
# 세상에서 가장 많이 공부하는 회사

**나를 키운 건 팔 할이 학습**

1999년 회사를 설립하면서부터 꼭 해야겠다고 다짐한 것 중 하나가 휴넷을 세상에서 가장 열심히 학습하는 회사로 만들고 싶다는 것이었다. 우스갯소리로 교육 담당자가 교육받기를 가장 싫어한다는 말이 있다. 반대로 나는 휴넷이 교육 서비스를 하는 회사이기에 우리가 가장 교육을 잘하고, 또 공부를 많이 하는 회사를 만들어야 한다고 생각했다.

이렇게 생각한 데는 물론 학습을 즐기는 내 개인적인 취향도 반영되었다고 할 수 있다. 대학 다닐 때까지만 해도 공부하는 것을 극도로 싫어했던 나는 1988년 대기업에 입사한 이래 학교 선배와의 우연한 만남을 계기로 가장 공부를 열심히 하는 직원으로 변신했다.

앞에서 잠깐 언급한 대로 나는 직장생활을 하면서 서울대 경영대학원에서 경영전략으로 석사학위를 받았다. 석사학위 논문 주제는 학습조직 구축에 관한 것이었다. 재직 중에 회계를 공부해서 공인회계사 자격증도 취득했다. 30년 가까이 해마다 50권 넘는 책을 정독했고 속독하는 책까지 포함하면 매년 300여 권의 책을 읽어왔다. 매일 아침 두 시간에 걸쳐 열 종의 신문을 읽는 습관도 20년 넘게 유지하고 있다. 특히 관심이 많았던 경영, 리더십, 인문학, 가정 경영, 중국, 자기계발, 자녀교육 분야는 강의가 가능한 수준까지 깊이 공부하기도 했다.

### 평생학습이 답이다

우리 직원들을 세상에서 가장 많이 학습하는 직장인으로 만들고 싶은 이유는 다음과 같다.

첫째, 이제는 평생학습 시대다. 대학교 때 배운 내용만 가지고는 살아갈 수 없는 시대다. 급속한 속도로 새로운 지식이 쏟아지고 있다. 데이터와 정보, 지식이 우리 주변에서 홍수를 이루고 있지만 우리가 알고 있는 사실들의 상당수가 점점 더 진실에서 멀어지고 있다. 앨빈 토플러는 《부의 미래》에서 '무용지식$^{obsoledge}$'이라는 신조어를 만들었다. '무용한$^{obsolete}$'과 '지식$^{knowledge}$'을 합성한 것으로, 정보의 홍수와 쓰레기 정보의 범람, 그리고 워낙 빠른 변화로 항상 업데이트하지 않으면 곧 쓸모가 없어져버리는 과거의 지식들을 일컫는다.

나는 여기서 더 나가서 과거에 알고 있던 것들이 무용지식을 넘어 유해한 지식으로 바뀌고 있다고 생각한다. 과거의 성공요인이 미래에는 실패의 어머니가 되는 세상이다. 이젠 과거의 지식에서 벗어나는 폐기학습unlearning을 얼마나 잘 하느냐가 경쟁력인 시대가 되었다.

한편 과학 기술의 발달로 인간 수명은 급격히 늘어나고 있다. 역사학자 유발 하라리는《호모 데우스》에서 미래에는 90세 노인도 자기계발을 해야 할 것이라고 주장한다. 평생학습 시대를 맞아 얼마나 잘 배우느냐, 배우려는 의지를 갖고 있느냐, 실제 배우는 데 얼마만큼의 시간과 노력을 투자하느냐에 따라 우리 직원들의 경쟁력이 결정되고, 그들 인생의 행복과 성공 역시 좌우된다. 그렇기에 직원의 행복한 성공을 위해 최대한 많은 학습 기회를 제공하고자 하는 것이다.

둘째, 우리 직원들이 학습하고 성장하는 것만큼 우리 고객들에게 더 좋은 서비스를 제공할 수 있고, 또 그만큼 우리 회사가 발전할 수 있다. 직원들의 창의력과 상상력은 직원들의 학습량과 비례한다. 또한 그들의 유연한 사고, 고객을 대하는 마인드, 친절한 서비스 등도 학습량과 비례하기 마련이다. 따라서 위대한 회사로 나아가기 위해 직원 학습은 절대적으로 필요하다. 직원의 학습량이 곧 회사의 경쟁력이다.

셋째, 모범 컴퍼니 차원에서의 학습 증대다. 휴넷의 핵심 사업은 교육이다. 그중에서도 기업교육이 차지하는 비중이 가장 크다. 만약 우리 스스로 공부하지 않으면서 다른 기업들에게 직원 교육을 시키라고 하는 것은 어불성설이다. 모범 컴퍼니라는 핵심가치에 어긋난다.

정부에서는 고용보험료를 재원으로 해서 직장인들이 인가받은 교육을 이수할 경우 교육비를 환급해주는 고용보험 환급 제도를 시행하고 있다. 휴넷의 경우 2017년 고용보험 환급 가능액은 1억여 원에 이른다. 비용을 하나도 투자하지 않고 고용보험 환급 제도를 활용하여 최대 1억 원까지 직원 교육을 시킬 수 있다는 말이다. 2015년 중반에 우연히 살펴본 결과 당시엔 7천만 원 정도 환급받을 수 있는데도 불구하고 실제 교육을 받고 환급받은 금액이 불과 1천만 원대에 머물고 있는 사실을 발견했다. 리더급 회의에서 인재경영실과 각 사업부 대표, 팀장들에게 크게 야단을 쳤다. 환급받을 수 있는데도 불구하고 환급을 받지 못함으로써 수천만 원의 기회손실이 발생한 것도 중요하지만, 그것보다 훨씬 더 중요한 것이 우리 스스로 고용보험 환급 제도를 활용해서 교육을 하지 않으면서 어떻게 고객에게 그렇게 하라고 할 수 있겠는가 하는 차원의 질책이었다.

다행히 리더들과 직원들이 그 의미의 중차대함을 깨닫고 열심히 독려하여 2016년에는 7천만 원 정도를 환급받았고, 2017년에는 환급액이 1억 원 이상에 이를 것으로 보인다. 우리 스스로 모범을 보이고 있으니 이제는 고객사 사장들에게 떳떳하게 정부 지원 제도를 활용해서 무료로 직원 교육을 시키라고 말할 수 있다.

직원 공부를 시키지 않으면서 회사를 발전시킬 수는 없다. 취업 준비생들도 교육을 많이 시켜주는 회사를 선호한다. 정부 제도를 활용하면 무료로 직원 교육을 시킬 수 있는 방법이 매우 많다. 교육비 핑계를 댈 수도 없다. 이러닝과 모바일 러닝을 활용하면, 장소와 시간에 구애받지 않고 출퇴근 시간 전철 안에서도 편리하게 학습할 수 있는 방법이 많다. 이제 교육 때문에 근무시간을 뺏긴다는 것도 핑계에 불과하다.

### 매일 한 시간은 학습에 투자하라: 365학점제와 혁신아카데미

우리는 창업 초기부터 하루에 한 시간씩 공부해야 한다는 취지의 365학점제도를 유지하고 있다. 상당히 유연하게 운영하고 있어서 독서는 물론이고 학습에 도움이 되는 영화 관람도 학점으로 인정한다. 365학점제를 정착시키기 위해 초창기에는 상당한 노력을 기울였다. 학점 결과를 인사고과에 반영하기도 했다. 심지어는 다른 모든 점수가 승격 기준을 초과했음에도 불구하고 학점 미달을 이유로 승진 심사에서 탈락시키기도 했다. 지금은 매일 한 시간씩 공부하는 365학점제도가 완전히 정착되고 있다. 매년 가장 많이 학습한 직원을 찾아 연말에 학습왕 상을 수여하는데, 연간 1,000학점 이상 학습한 직원들이 다수 배출되고 있다.

2006년에는 11월 3일 학생의 날을 맞아 '혁신아카데미'라는 제도를 새롭게 도입했다. 매주 금요일 아침 한 시간 빨리 출근해 외부 전문가를 초빙해 강의를 듣고, 대신 한 시간 빨리 퇴근해 주말을 남들보다 한 시간 빨리 시작하는 제도다. 벌써 10년이 훌쩍 넘었고, 500회를 향해 달리고 있는 휴넷의 대표적인 학습제도로 자리 잡았다. 매주 꾸준하게 진행되는 강의를 통해 많이 배우는 것은 물론이고, 공부를 즐기는 문화를 만드는 데에도 큰 기여를 했다.

　혁신아카데미는 말 그대로 혁신의 온상 노릇을 톡톡히 하고 있다. 연간 40여 회에 이르는 강의 주제도 나름대로의 기준에 맞춰 편성한다. 고객만족에 대한 것은 몇 회, 직원 윤리나 기본 소양 몇 회, 인문교양 몇 회, 비즈니스 스킬 몇 회, 신기술과 트렌드 몇 회 하는 식으로 강의를 배치한다. 신사업을 하거나 새로운 개념이 도입될 때는 사전에 직원들에게 관련된 교육을 시키면서 호기심을 불러일으키고, 기초 지식을 쌓게 함으로써 신사업 추진의 우군으로 작용할 수 있도록 한다. 중국 진출, 에듀테크 사업 전환, 플랫폼 사업 전개가 회사의 주요한 이슈가 되었을 때는 해당 분야의 강의를 집중 배치함으로써 전사원의 관심과 역량을 결집시켜 사업과 혁신의 성공을 돕는 주요한 역할을 하게 했다.

　5년 근무자에게 제공되는 한 달간의 유급휴가도 원래의 '안식휴가'에서 '학습휴가'로 명칭을 바꿨다. 이름이 성격을 규정한다. 재충전의 시간도 곧 학습이 될 수 있으며, 실제로 직원들이 가장 많이 활용하는 해외여행도 경험을 확충하고 안목을 키운다는 면에서 일종의 학습이라고 생각한다. 이러한 고민 끝에 그 명칭을 학습휴가로 바꾼 것이다.

직원 중에서 상위 고과자의 경우는 대학원 학비의 80퍼센트를 지원해주고 있다. 그리고 직원 누구나 본인이 희망하는 책은 장르에 관계없이 무제한 구매할 수 있도록 하고 있다. 휴넷에 있는 장서만도 1만 권을 넘어섰다. 외부 교육 참여도 적극 권장하고 있다. 세계 일등 교육기업이라는 비전 달성을 위해서 각종 해외 콘퍼런스에도 많은 직원을 보내고 있다. 매년 여름에 진행하는 전 사원 해외 워크숍도 직원 교육의 일환이라는 생각으로 목적지를 선정한다.

**일이 학습이고 학습이 일이다: 필드앤포럼과 휴넷 유니버시티**

직원 교육 면에서 또 하나의 자랑거리는 바로 '필드앤포럼$^{Field \&}$ $^{Forum}$'이라는 제도다. 일과 학습을 결합한 새로운 모델이다. 2015년에 시작한 제도로 이제 정착 단계에 이르렀다고 자평한다. 각 부서별로, 혹은 전사를 대상으로 6개월 동안 학습할 주제를 스스로 정하고 학습동아리를 만든 다음, 근무시간에 관계없이 모여서 토론하고, 주제에 관해 발표하고, 때로는 외부 전문 강사의 강의를 듣기도 한다. 학습이 끝나면 회사에 적용할만한 아이디어를 내서 바로 실천하거나 제안을 하게 된다. 업무에 필요한 주제에 대해 깊이 있는 공부를 할 수 있는 데다가 서로의 의견을 나누고 다른 팀과 적극적으로

**휴넷 필드앤포럼에서 다루어진 주요 주제**

| 주제 | 연도 |
| --- | --- |
| 감성컴퓨팅 기술 활용사례 연구 | 2017 |
| 파이썬 기반 사물인터넷을 활용한 학습 연동 연구 | 2017 |
| 프로젝트베이스드러닝에 대한 이해 | 2017 |
| 비개발자를 위한 인공지능 관련 개발지식 습득 | 2017 |
| 안드로이드 개발 트렌드 분석 | 2017 |
| 구글 텐서플로를 이용한 서비스 적용 방안 모색 | 2017 |
| 우리가 지향해야 할 빅데이터 활용 방안 탐색 | 2017 |
| 그로스해킹의 개념과 적용 모델 이해 | 2016 |
| 머신러닝의 개념 및 사례 분석 | 2016 |
| STEAM 교육의 이해 | 2016 |
| 아키텍처 도입 사례 분석 | 2016 |
| 플랫폼 서비스의 성공요인과 실패요인 분석 | 2016 |
| 게이미피케이션 적용 방안 연구 | 2015 |
| 메타인지학습법 연구 | 2015 |

교류할 수 있어서 직원들의 만족도가 매우 높다.

사내 교육을 더 체계적으로 진행하기 위해 '휴넷 유니버시티'라는 이름의 사내 대학도 운영 중이다. 각 직무별로 필요한 역량을 도출하고, 직원들의 역량 수준을 진단하여 정형, 비정형, 온라인, 오프라인 교육 등 다양한 방식으로 직원 역량을 향상시키는 프로그램이다. 차후 이를 세분화해 마케팅 칼리지, 리더십 칼리지, IT 칼리지, HRD 칼리지 등의 전문 과정으로 발전시켜 나갈 계획이다.

## 금요일은 학습하는 날

2017년 하반기에는 프라이러닝데이$^{Fri-Learning-Day}$를 시범 운영하고 있다. 간단히 말해 금요일 하루는 일 대신 학습에 시간을 쓰자는 것이다. 우선 다섯 개의 팀에 적용하여 운영을 해보고 그 결과를 바탕으로 2018년에 전사로 확대할 계획이다.

3M은 업무시간의 15퍼센트를 맘껏 쓸 수 있게 하고 있고, 구글은 업무시간의 20퍼센트를 직접 담당한 업무 외에 자신이 개인적으로 흥미를 갖고 있는 주제를 연구하고 만드는 데 쓸 수 있도록 하고 있다. 휴넷은 교육 회사답게, 그리고 세상에서 가장 많이 학습하는 회사답게 근무 시간의 20퍼센트를 자율적으로 학습에 활용할 수 있도록 한 것이다.

개인 차원, 혹은 팀 차원에서 자율적으로 금요일을 활용해 학습을 하되, 최소 한 달에 한 권의 책을 팀원들끼리 함께 읽고 독서토론을 하는 강제 규정을 두기로 했다. 직장인이라면 최소 한 달에 한 권 이상의 책은 읽어야 한다는 소신 때문이기도 하고, 팀에서 함께 책을 읽고 토론함으로써 팀워크 향상과 조직 창의성 제고에 큰 기여를 할 수 있으리라는 믿음 때문에 의무 조항을 넣었다.

새로 합류한 직원들에게 휴넷에 지원하게 된 계기를 물으면 가장 많이 나오는 답이 바로 맘껏 자기계발을 할 수 있는 학습 문화와 학습을 장려하는 제도 때문이라는 점이다. 휴넷은 향후 매출액의 3퍼센트까지 교육비를 증액할 계획을 가지고 있다. 말뿐이 아니라 실제로 '세상에서 가장 교육을 많이 하는 회사', '교육을 가장 잘하는 회사'로 발전할 것이다.

# 6
# 많으면 많을수록 좋다, 소통 극대화

**리더십의 성패는 소통이 좌우한다**

소통은 굳이 강조하지 않아도 될 만큼 중요한 요소이다. 잘나가는 조직과 리더는 예외 없이 소통에 능하고, 문제가 있는 조직이나 리더는 대부분 불통의 이슈가 있는 것만 봐도 알 수 있다.

경영과 리더십은 곧 사람에 관한 것이다. 경영자의 지향점과 철학, 비전과 전략, 회사의 제도와 정책, 변화 이슈에 대해서 모두가 같은 생각을 가질 경우 강력한 힘을 발휘할 수 있다. 반면에 서로서로 다른 생각과 오해를 가지고 있다면 당연히 조직의 힘은 약화될 수밖에 없다. 이 모든 것이 곧 소통의 문제다.

직원들의 자발성과 주인의식, 동기부여 역시 소통에 따라 달라진다. 주의 깊게 들어주고, 의사결정에 참여케 할 때 당연히 주인의식과 자발성이 높아지고 동기부여가 활발해진다. 직원들의 아이디어와 창의성을 끌어내는 것 역시 소통과 상관관계가 높다. 소통疏通이라는 한자는 '갓 베어 놓은 풀과 나무 사이를 바람이 통하게 한다'는 의미에서 유래되었다. 소통이 잘 이뤄지지 않는 조직은 곧 썩게 된다는 의미로 해석할 수 있고, 소통이 활발해질 경우 조직의 위기 징후를 빨리 알아내어 치유할 수 있다는 것을 유추할 수 있다. 경영과 리더십의 성패는 소통에 달려있다고 해도 과언이 아니다.

### 세상에서 가장 어려운 일, 소통

경영과 리더십에 있어 소통이 강조되는 또 다른 이유는 이렇게 중요함에도 불구하고 실제로 잘 실행되기는 결코 쉽지 않다는 점에 있다.

세계적으로 유명한 글로벌 컨설팅 회사에서 소통이 얼마나 어려운지 직접 실험을 한 사례가 있다. 회장이 직접 핵심 경영진 열 명을 모아놓고 10분 동안 한 주제에 대해서 강력하게 이야기를 한 뒤, 경영진들이 바로 부하직원들에게 회장의 이야기를 그대로 전달하게 하는 실험이었다. 아주 흥미로운 결과가 도출되었는데, 놀랍게도 20퍼센트의 임원들은 회장과 완전히 다른 지시를 내렸다. 20퍼센트는 엉뚱한 내용을 강조했고, 30퍼센트는 중요도나 우선순위에서 실수를 했다. 회장의 지시를 제대로 전달한 임원은 30퍼센트에 불과했다.

피터 드러커 교수를 비롯한 다수의 유명 학자들 또한 소통의 어려움을 이야기한다. 조직의 계층이 한 단계 늘어날 때마다 정보의

30퍼센트가 유실된다는 것, 즉 한 단계가 내려가면 70퍼센트의 정보만이 제대로 전달된다는 것이 정설로 인정되고 있다.

내가 직접 경험한 바도 똑같다. 월요일 경영진 미팅에 참석한 사업부 대표가 해당 팀장들에게 회의 내용을 전달하고, 그 팀장이 이메일로 팀원들에게 회의 내용을 전달하는 것을 우연히 보고 깜짝 놀랐다. 내가 불과 한 시간 전에 이야기한 것 중 절반은 전혀 엉뚱한 내용으로 변질되어 전달되고 있었던 것이다. 조직의 수평flat화와 직접적 커뮤니케이션의 중요성을 반증하는 사례라 할 수 있다.

그런가 하면 조직 밑바닥에서의 생생한 정보가 최고경영자에게 전달되는 것은 오직 4퍼센트에 불과하다는 조사 결과도 있다. 전달되는 정보의 양도 문제지만, 많은 경우 상황이 종료된 이후에야 알게 되는 점도 문제다. 또한 조직 현장에서 좋지 않은 소식일수록 정보가 제대로 전달되지 않거나 늦게 전달되어 시의적절한 대응을 하지 못하는 경우가 많다. 더군다나 수직적 위계구조가 매우 발달되어 있고, 토론 문화가 부재한, 그리고 상사의 의견에 드러내놓고 반대 의견을 내는 것을 주저하는 한국적 상황에서 소통의 중요성은 아무리 강조해도 부족하다.

### 알아들을 때까지, 끝까지 이야기하라

소통은 무조건 많이 할수록 좋다. 수단과 방법을 가릴 필요가 없다. 물론 시의적절하게 좋은 소통 방식을 골라서 잘 적용하는 것은 대단히 중요하다.

바람직한 소통 방법 몇 가지를 예시하면 다음과 같다. 비전, 전략 방향 등 중요한 사항에 대해서는 한두 번 이야기하는 데서 그치지 말고, 알아들을 때까지는 끝까지 이야기해야 한다. 하향식 일방향 소통보다는 쌍방향 수평형 소통이 필요하다. 말하는 것도 중요하지만 듣기, 즉 경청도 대단히 중요하다. 좋은 소식보다는 나쁜 소식을 먼저 말할 수 있는 'Bad News First 문화'를 만드는 것과 최고경영자의 의견에 편안하게 반대의견을 제시할 수 있도록 '악마의 대변인devil's advocate'을 두는 것도 좋다. 경영정보를 투명하게 100퍼센트 오픈하는 것도 매우 중요하다.

무엇보다도 편안하게 아무 얘기나 주저 없이 할 수 있게 직원들과 친밀함을 가져가는 것이 가장 중요하다. 잘못 이야기해도 큰 탈이 나지 않는다는 확신을 갖도록 심리적 안전감을 심어주는 것도 중요하다. 한국의 회식 문화가 잘만 활용되면 상하 간에 친밀감을 높이고 소통을 극대화하는 좋은 장치로 활용될 수 있다.

말도 중요하지만 행동으로 보여주는 솔선수범형 소통도 큰 힘을 발휘한다. 수년 전 고객매우만족 문화를 강조하기 위해 100일 동안 고객행복센터콜센터에서 직접 근무한 적이 있다. 사장이 함께 근무하자 고객행복센터 직원들의 일에 대한 자부심도 커지고, 콜센터의 중요성을 타 직원들에게 각인시킬 수 있어 매우 만족도가 높았다. 타 부문에 근무하는 직원들도 사장이 직접 고객센터에 근무하는 것을 보고 우리 회사는 말뿐이 아니라 고객매우만족 경영을 행동으로 실천한다는 것을 확실하게 알게 되는 계기가 되었다.

## 내용이 아닌 소통방식이 제도의 성패를 결정한다

내용은 중요하다. 그러나 많은 경우 제도 그 자체의 내용이 아닌, 제도를 만들어가고 소통하는 방식이 해당 제도의 성패를 결정하곤 한다. 회사의 중요 제도 변화가 있을 경우는 반드시 사전 설명회를 거쳐 의견 수렴을 하도록 제도화했다. 내용이 아무리 좋아도 절차가 생략되면 오해를 불러일으키고 참여율이 저조해지는 것은 물론, 원래의 의도와 반대로 이어지기 십상이기 때문이다.

회사의 중요한 전략적 이슈나 중장기 전략, 혹은 직원들에게 긴급히 알려야 할 일에 대해서는 전 직원 대상 메일을 활용하는 것이 좋다. 전체 직원 중 상당수가 어떤 일을 오해하고 있을 때도 메일을 통해 소통하는 경우가 효과적이다. 일례로 언제부턴가 사내 직원 간 회의를 하거나 간단한 내용을 보고해야 할 때 직원들이 습관적으로 파워포인트 프로그램을 이용해 프레젠테이션 파일을 만드는 경우가 늘어났다. 정확히 계산해보지는 않았지만 굳이 파워포인트로 발표자료를 만드는 것이 워드 프로그램으로 간단히 정리하는 것보다 훨씬 많은 시간이 소요되는 것 같아 전 직원에게 메일을 쓴 적이 있다. 물론 외부에 제안서를 제출하거나 고객사에 가서 발표를 할 때에는 파워포인트를 활용해야겠지만 사내의 간단한 회의에서는 가능한 한

프레젠테이션 파일을 만들지 않는 편이 업무 생산성을 위해서 훨씬 낫다는 판단이었는데, 직원들로부터 큰 호응을 얻었다.

이외에도 낮잠을 장려하자는 내용이나 출근 시 반바지 차림을 언제든 환영한다는 내용 등으로 전 직원에게 메일을 보냈고, 임원과 팀장들을 통해 전달하는 것보다 빠르고 정확한 소통이 가능했다.

### 툭 터놓고 이야기하자: CEO 툭앤톡

세상에서 가장 바쁜 경영자라 할 수 있는 구글의 래리 페이지와 페이스북의 마크 저커버그는 매주 금요일에 한 시간 동안 전 직원들과 주제에 관계없이 격의 없는 토론을 하는 TGIF 미팅을 갖고 있다. 중요한 사안에 대해 설명할 일이 있으면 직접 설명하기도 하고, 신제품 시연도 한다. 수백 명이 모인 현장에서 누구든 무슨 주제든 질문하면 CEO가 상세하게 답변을 해준다. 개인사에 관한 사소한 질문도 있지만 사업 관련 질문을 비롯해 예민한 질문도 수시로 행해진다. 중국에서 철수해야 하는지에 관한 토론을 할 때는 직원들이 격앙된 어조로 CEO를 힐책하기도 한다. 사전에 6만 명의 직원을 대상으로 질문을 받고, 해당 자리에 참석하지 못하는 사람들은 온라인으로 시청하면서 댓글을 달거나 추가 질문을 하며 토론에 참여하기도 한다. 이렇게 하면 모든 직원이 회사에 무슨 일이 있는지 다 알게 된다. 타 부문에 대한 이해도 높아지고, 소모적 논쟁도 줄어드는 부수효과가 있다.

**CEO 툭앤톡의 주요 주제**

| 분류 | 주제 |
|---|---|
| 비전 | 우리가 가고 있는 방향(ATD, 중장기전략, 조직개편) |
| 경영 | 공격경영 |
| 문화 | 자율휴가제와 퇴사보너스 |
| 사업구조 | 에듀테크, 플랫폼, 성공적 |
| 신사업 | 해피칼리지와 탤런트뱅크 사업에 대하여 |
| 경영 | 전략과 실행의 GAP |
| 문화 | 실패를 장려하는 문화, 어떻게 만들어갈 것인가? |
| 매출 | 휴넷답게 매출증대 및 위기돌파를 한다면 |
| 신사업 | 4대 신성장동력 활성화 아이디어 토론 |

 이들의 미팅을 본따 휴넷에도 'CEO 툭앤톡$^{took\ \&\ talk}$'이라는 제도를 도입했다. 다만 매주 이렇게 한다는 것은 조금 무리라는 생각이 들어 월 1회로 진행하고 있다. 처음에는 상당히 부담스러웠다. 회사에 대한 불평불만, 그리고 무엇보다도 냉소적인 질문들이 나올까 걱정도 많이 했다. 그러나 시간이 흐르면서 생각이 긍정적으로 바뀌었다. 회사에서 좋은 제도를 만들어도 직원들이 곡해를 하기도 하고, 일부 직원들은 확인되지 않은 거짓 정보를 사실인 양 이야기하는 경우도 많다. 그런 내용일수록 직원들은 혹하게 되어 사실로 믿어 버리곤 한다. 그러나 사장의 입을 통해서 직접 그런 이슈들을 듣게 되면 거짓 정보의 유통이 현저히 줄어들고 오해와 곡해도 많이

사라지게 되어 회사 내 정보 유통이 매우 활발해지고 투명하게 바뀐다. 조직의 건강도 역시 현저히 좋아진다. 가끔은 기발한 아이디어를 얻기도 하고, 단순한 불평불만이라 생각했던 것 중에 회사의 제도 개선으로 이어지는 사례도 많았다. 무엇보다도 직원들과의 친밀감, 경영진에 대한 직원들의 신뢰도가 높아짐을 피부로 느낄 수 있었다.

**친해지면 말문이 트인다**

나는 임원과 팀장들에게 혼자 점심을 먹지 말라고 강조한다. 점심시간은 직원들과 소통을 할 수 있는 좋은 기회다. 나의 경우 점심은 주로 팀 단위나 소그룹을 모아 단체로 같이 한다. 매주 퇴근하기 전에 다음 주 점심을 함께할 부서와 팀, 그룹을 결정해놓고 퇴근한다. 특정한 이슈가 있거나 협조를 요청할 일이 있거나 하는 중요도를 따져서 선정한다. 저녁은 주로 회식에 참여한다. 직원이 300명 가까이 되고 팀이 30여 개에 이르는 만큼 일주일에 두세 번씩은 회식 자리에 가게 된다. 술이 한잔 들어가면 친밀감도 높아지고, 대화의 수위도 달라진다. 평상시 같으면 약간 위험하다 할 정도의 이야기도 비교적 쉽게 오간다. 대신 외부 모임이나 술자리는 거의 하지 않는다.

    1대 1 미팅도 매우 중요하다. 사업부 대표와 임원, 팀장까지는 1대 1 미팅을 자주 한다. 그리고 핵심인재들의 경우도 수시로 1대 1 미팅을 해서 애로점을 듣고 동기부여를 해주기도 한다. 사장실이 따로 없기에 건물 1층에 있는 스타벅스에서 주로 1대 1 미팅을 한다. 커피숍에서의 미팅은 마음의 벽을 허물고 편안한 대화를 할 수 있게 해주어서 자주 애용한다. 직원들끼리의 소통도 매우 중요하다. 매주 수요일은 타 부서끼리 섞여서 점심식사를 할 수 있는 '친친데이'를 운영하고 있고, 페이스북 '휴넷 식구 수다방'을 만들어 개인사와 팀 행사 등에 대해 최대한 공개하고 있다. 또한 〈휴넷인〉 사보를 발행하고, 매월 첫째 주 금요일에 실시하는 '행복한 월례조회'를 통해 한 달간의 경영성적을 전 직원에게 투명하게 공개하고 있다. 이야기를 할 때는 모든 것을 숨김없이 100퍼센트 공개한다. 어떤 일이 얼마만큼 진척되었는지 직원 모두가 알 때 적극적으로 동참하고 싶은 마음도 생겨난다. 얼마나 시급한지, 재정여건은 어떤지를 있는 그대로 털어놓는 것이 중요하다.

각 사업부 대표와 경영진들끼리는 매월 1회 저녁식사를 정례화하고 있다. 친밀감 강화를 통해 부서 간에 상호 협력하는 문화를 만들기 위해서다. 이렇게 상호 친밀감이 더해지고 신뢰도가 높아지면서 부서 이기주의 없이 타 부문을 먼저 앞장서 도우려고 하는 문화가 만들어졌다. 그리고 사심 없이 타 부서에 대해 비판이나 반대 의견을 거리낌 없이 꺼낼 수 있게 되었다. 우리 직원들이 휴넷에는 임원 간 정치적 다툼이 없어서 좋다고 이구동성으로 이야기하는 것도 다양한 소통이 가져온 긍정적인 결과라고 생각한다.

# 7
## 수시로 미래형 경영을 실험한다

**인류의 문명사적 대전환기**

영원불멸한 것은 없다. 특히 기업은 기업을 둘러싼 다양한 환경 변화에 대응해 적절히 변신할 수 있어야만 생존이 가능하다. 시간이 흐를수록 환경 변화의 폭과 속도가 여느 때보다 크고 빨라지고 있다. 그만큼 기업의 대응도 민첩해져야 한다. 패러다임 변화에 적절히 대응하지 못하는 조직은 누구나 공룡처럼 사라지게 되어 있다.

요즘 벌어지고 있는, 그리고 향후 수년간 기업을 지배할 주요 흐름 중 가장 주목할 만한 것은 4차 산업혁명이다.

1년 전 뉴욕에서 차량공유서비스 우버를 체험하고 나서, '새로운 기술이나 기업의 등장에 따라 기존 사업의 체제가 완전히 바뀌고 위협받는 순간', 즉 우버 모멘트$^{Uber\ moment}$를 실감했다. 디지털이 모든 것을 바꾸고 있다. 인공지능^AI, 가상현실^VR, 사물인터넷^IoT, 빅데이터, 3D 프린터, 자율주행차, 드론, 로봇 등이 상호 융합되면서 지금까지와는 근본적으로 다른 기하급수적 성장을 이끌어가는 4차 산업혁명이 이미 현실화되고 있다.

4차 산업혁명은 기술과 산업뿐만 아니라, 정치, 사회, 교육 등 전 분야에 걸쳐 실로 막대한 영향을 미치고 있다. 인류가 문명사적 대전환기를 맞고 있다 해도 과언이 아니다. 또한 4차 산업혁명은 기업과 경영에도 큰 변화를 가져오고 있다. 구체적 예를 들면, 복합기업^conglomerate형 재벌 기업은 쇠퇴하고 특정 분야에서 전 세계적 경쟁을 펼치는 전문 대기업과 스타트업 중심의 경제가 열리고 있다. 개별 기업 간 경쟁이 아닌 생태계 간 치열한 경쟁이 벌어지고, 제품과 서비스 판매기업 대신 플랫폼 기업이 세상을 지배하는 시대가 열릴 것으로 예측된다. 경쟁지상주의를 벗어나 협력과 공생의 시대로 전환되는 것도 중요한 변화 중 하나다.

무엇보다도 게임의 룰과 패러다임이 근본적으로 바뀌는 점에 주목해야 한다. 금융산업을 예로 들어보자. 과거 금융산업은 규모의 경제와 범위의 경제가 지배하는 대표적인 산업이었다. 더 많은 자본금·점포·인력을 가질수록, 그리고 수신·여신을 비롯 환전·투자·보험까지 더 많은 영역을 취급할수록 경쟁력이 있는 것으로 인식되었다. 그러나 이제 거대 금융업은 핀테크에 의해 하나씩 언번들링^un-bundling되면서 경쟁우위의 요건이었던 큰 규모와 넓은 범위가 경쟁

열위의 요인으로 돌변하고 있다. 2011년 영국에서 창업한 P2P 해외 송금서비스 전문 핀테크 기업 트랜스퍼와이즈Transferwise는 송금 수수료를 기존 은행 대비 10분의 1로 낮춘 저렴한 해외송금서비스 하나로 세계적인 금융 회사를 위협하고 있다.

이제 4차 산업혁명은 모든 기업과 경영자에게 피할 수 없는 숙명이 되었다. 4차 산업혁명을 선도하는 기업은 승자독식의 영광을 누릴 수 있는 반면, 대열에서 탈락한 기업은 소멸될 수밖에 없는 냉혹한 현실이 우리 앞에 놓여 있다.

이를 기회로 삼기 위해 우리 기업과 경영자에게 필요한 것은 무엇일까? 첫째, 과거의 성공 방정식에서 벗어나 경영 패러다임과 전략, 사업, 기술, 인재 등 모든 것을 4차 산업혁명에 맞춰 완전히 새롭게 재편해야 한다. 지금까지의 성공 방정식은 오히려 미래의 실패 원인이 될 수 있다. 무엇보다도 경영자 스스로 외부환경 변화에 익숙해져야 한다. IT를 포함한 미래 기술에 대한 지적 호기심과 끝없는 학습을 통해 미래 통찰력을 키워야 한다.

둘째, 경영의 모든 것에 디지털 기술을 결합시켜야 한다. 금융업을 대표하는 골드만삭스, 전통 제조기업 GE, 나이키를 위협하는 스포츠 의류 회사 언더아머, 세계 최대 크루즈 업체 카니발 등이 일제히 IT 회사를 선언하면서 자신들의 업業을 재정의하고 있다. 업의 정의뿐만 아니라, 빅데이터 기반의 의사결정, 사무 생산성 증대를 위한 협업 시스템, 그로스해킹 방식의 마케팅 혁신, 사물인터넷을 활용한 스마트 공장 등 기업 경영의 전 분야에 걸쳐 디지털 혁신을 해나가야 한다.

4차 산업혁명 외의 주요한 변화로는 밀레니얼 세대의 노동·소비시장 장악, 글로벌 무한 경쟁시대 도래, 실리콘밸리 기업의 주도성 확대 및 영향력 증대, 속도 경쟁의 중요성, 민첩성과 유연성 요구 증대 등이 주목할만하다.

이러한 급격한 환경 변화에 비춰서 기업의 조직구조와 인사 문화도 새롭게 재편되어야 한다. 휴넷은 환경 변화와 경영 패러다임의 변화에 발맞춰 여러 가지 제도를 선진적으로 도입해 활용하고 있다. 그중에서도 인사조직상의 혁신적 제도 중 대표적인 몇 가지를 소개하고자 한다.

### KPI를 버리고 절대평가로 바꾸다

중요하면서도 늘 공정성 문제에 시달리는 것이 바로 인사평가제도이다. 최근에는 선진기업을 중심으로 평가제도의 근본적인 변화가 이뤄지고 있다. 치열한 내부 경쟁의 대명사였던 마이크로소프트와 GE가 상대평가를 폐지하고 절대평가를 도입했다. 아예 평가제도 자체를 폐지하는 기업들도 나오고 있다. 어도비는 평가제도 대신 '체크인'이라는 수시 코칭 시스템을 도입했다. 품질관리의 대가로 꼽히는 에드워즈 데밍은 다음과 같이 말한 바 있다. "실적평가는 단기적 성과에 집착하게 하고, 장기적 기획을 없애고, 두려움을 퍼트려 팀

워크를 파괴하고, 경쟁심과 사내 정치를 조장한다. 실적 평가를 약이라고 한다면 효과가 너무 약하고 부작용이 너무 많아서 식약청 허가를 받지 못할 것이다."

휴넷은 상대평가를 절대평가로 바꿨다. 상대평가의 가장 큰 문제는 동료를 협력자가 아닌 경쟁자로 인식하게 된다는 것이다. 동료를 눌러야 내가 A를 받을 수 있기 때문이다. 절대평가에서는 서로 협력하며 도와서 둘 다 A를 받을 수 있다. 동료와 경쟁하는 것이 아니라 어제의 나와 경쟁하면서 더 발전하게 되고, 협력을 통해 더 높은 성과 창출이 가능해진다. 연 1회 평가에서 수시 평가와 피드백으로 바꾸었고, 평가의 목적도 승진과 보상을 위한 평가에서 코칭과 육성, 현업에서의 성과 창출 극대화를 우선 목표로 전환했다.

많은 문제를 내포하고 있는 핵심성과지표$^{KPI}$ 제도를 완전히 폐지했다. 아무리 KPI를 잘 설정한다 하더라도 KPI가 특정인의 성과를 제대로 평가할 수 없다. KPI가 잘못 설정되는 경우 일을 가장 못한 사람이 가장 높은 평가를 받을 수도 있다. 반대로 굳이 KPI를 활용하지 않더라도 팀장 이상 리더들은 팀 내에서 누가 일을 잘하는지 파악하고 있다.

사업부, 팀별로 해당 부서에서 바라보는 S급 인재상을 미리 설정하고 그것에 비춰서 직원들의 성과와 역량을 평가하는 것으로 바꿨다. 대신 평가의 공정성을 담보하기 위해 '탤런트 세션$^{Talent\ session}$' 제도를 만들었다.

탤런트 세션은 구체적으로 다음과 같이 진행된다. 예를 들어 IT 사업부가 전체 직원이 60명이고, 다섯 개의 팀으로 구성되어 있다고 치자. 먼저 사업부 대표 주관하에 각 팀장들이 수시로 직원들을 코칭한 내역, 평가표, 그동안 진행한 주요 프로젝트 결과표를 가지고 한자리에 모인다. 각 팀장들은 미리 절대평가한 내용과 그 사유에 대해 증거자료를 기초로 해서 설명한다. 사업부 내 팀장들이 특별한 이의 제기를 하지 않으면 그대로 등급이 확정되고, 누군가가 다른 의견을 제시하면 합의를 볼 때까지 치열하게 토론한다. 이런 과정을 거치면 공정성이 강화되고, 해당 팀장은 자신이 미처 발견하지 못한 피평가자의 장단점에 대해 더 많이 알게 되고, 객관적인 시각을 갖게 된다. 평가제도를 바꾸고 나서 리더들의 코칭 능력과 횟수, 리더십, 소통 등 모든 것이 향상되고 있다. 직원 이직율은 낮아지고, 신뢰지수는 높아지고 있다.

## 조직도는 연필로 쓴다

완벽하고 큰 것이 아닌, 작고 빠른 것이 이기는 시대가 되었다. 완벽한 통찰력을 가진 탁월한 리더의 지시에 따라 일사불란하게 움직이던 조직이 승리하는 시대는 저물었다. 지금의 환경은 자율적으로 움직이는 민첩한 조직, 빠르고 유연한 조직, 부서 간 협업이 가능한 조직을 원하고 있다.

이제 조직도는 연필로 써야 한다. 과거에는 잉크가 마르기 전에 또 다시 조직개편을 하면 변덕이 심하고, 미래를 내다보지 못해 실패한 조직개편으로 여겼으나, 이제는 조직 개편이 연 1회 이뤄지는 조직은 시대에 민첩하게 대응하지 못하는 경직된 조직이라는 소리를 듣게 되었다. 한국의 리딩 벤처라 할 만한 네이버는 일주일에 한 번 조직개편을 할 정도다.

휴넷은 매년 11월 중 다음 사업연도를 위한 정례 조직개편을 하고, 그 다음 연도 6월에 하반기 사업을 위한 추가 조직개편을 정례화하고 있다. 또한 필요성이 확인될 경우 수시로 필요한 조직개편과 인사발령을 하고 있다. 잦은 조직개편에 따른 피로감과 그에 따른 불평이 전혀 없지는 않다. 그럼에도 불구하고 앞으로도 필요에 따라 수시로 조직개편을 해나갈 계획이다. 환경이 급속하게 변하는 상황에서 1년에 한 번 정도의 조직개편으로는 흐름을 따라가지 못해 뒤처질 수밖에 없기 때문이다.

조직개편뿐만 아니라 업무 또한 환경 변화의 속도에 맞춰 재빠르게 진행되어야 한다. 신규 사업 추진, 홈페이지나 앱 개발 같은 프로젝트에서는 린 스타트업, 애자일, 스프린트 방식을 적용해서 업무를 추진한다.

과거에는 한 치의 오차도 없이 정확하게 계획을 해서 완벽하게 일을 끝내는 것이 미덕으로 여겨졌다. 그러나 완벽하고 치밀한 계획에 집중하다보면 급변하는 환경을 따라잡을 수 없다. 긴 시간을 들여 완벽하게 기획해서 개발하고 났더니 이미 환경이 변해 있는 경우가 다반사인 세상이다. 완벽하게 개발한 상당수의 기능은 더 이상 쓸모가 없어지게 된다. 이제는 완벽한 계획보다 최소 여건<sup>MVP: Minimum Viable Product</sup>이 정의되면 바로 개발하고, 또 환경 변화에 맞춰 또 다시 개발하는 린 스타트업, 애자일 방식으로 전환해야만 한다.

애자일 방법론에서는 근무자들이 작은 팀으로 쪼개져 일하고, 자유롭게 원하는 실험을 할 수 있다. 매일 만나서 어느 정도의 성과가 있었는지 돌이켜본다. 팀의 생각을 빠르게 실행에 옮길 수 있다. 물론 성공도 하고 실패도 한다. 미래형 조직에서 실패는 피해야 할 것이 아니라 권장되어야 할 사항이다. 작게 빨리 많이 실패하고 그 실패에서 배우는 조직이 승리한다. 작고 빠른 스타트업 방식이 크고 느린 대기업 방식을 이기는 시대가 되었다.

## 모였다 흩어졌다 하는 셀 조직화

과거의 조직은 기능형 조직 중심이었다. 기획하고, 구매하고, 생산하고, 영업하고, 판매하고, 서비스하는 각각의 기능별로 조직이 구성되어야 업무 효율이 높아졌다. 오늘날 회사 업무는 과거의 기능형 조직으로는 대응하기 어렵게 바뀌어가고 있다. 기능 중심으로 돌아가는 전통 제조업도 있지만, 프로젝트 중심으로 업무가 돌아가는 조직의 비중이 점점 커지고 있다.

아이데오<sup>IDEO</sup> 같은 디자인기업, 컨설팅과 회계법인, 로펌 같은 경우는 거의 100퍼센트 프로젝트 중심으로 돌아간다. 그런 회사는 프로젝트 중심으로 조직을 구성하는 것이 효율적이고, 당연히 그렇게 하고 있다. 어느 회사는 기능형 업무가 40퍼센트, 프로젝트 중심 업무가 60퍼센트 정도 되는 경우도 있고, 또 다른 경우는 기능형이 70퍼센트, 프로젝트성 업무가 30퍼센트 정도 되는 경우가 있다.

문제는 대부분의 조직에서 기능형과 프로젝트형의 업무가 뒤섞여서 진행된다는 점이다. 각자가 자신의 일을 하는데, 이 일이 부서 간 협업을 통해야만 완수될 수 있는 프로젝트성 성격을 띠고, 이런 일이 수시로 발생한다는 점이다. 이런 경우 기본 조직이 기능형으로 되어 있을 경우 많은 혼란과 비효율이 생기게 된다. 매트릭스 조직도 하나의 대안이 될 수 있으나 매트릭스 조직의 경우 글로벌 기업에 적합한 조직 모델이다. 예를 들어 글로벌 기업의 한국 마케팅 담당자가 한국 기업의 대표에게도 보고하고, 글로벌 마케팅 책임자에게도 보고해 지시를 받는 모델이 바로 매트릭스 조직이다.

휴넷은 업무 편의상 기능형 조직으로 조직의 틀을 구성하되, 수시로 발생하는 프로젝트성 업무에서의 협업을 돕고 성과 창출을 극대화하기 위해 다수의 셀 조직을 운영하고 있다. 대부분의 프로젝트는 한 기능부서만의 일에 그치지 않고 여러 기능부서에 걸쳐서 진행되어야만 한다. 기능부서를 유지하면서 다양한 프로젝트성 업무를 효과적으로 마무리할 수 있도록 설계된 것이 셀 조직이다.

예를 들어 플랫폼 개발이라는 새 프로젝트가 시작될 경우, 사내 연구소에 속한 사업 기획자, 마케팅 본부에 속한 마케터와 서비스 기획자, IT사업부에 속한 개발자와 디자이너가 하나의 셀이라는 가상의 조직으로 묶여 함께 일하게 된다. 기존의 태스크포스가 가끔씩 발생하는 일회성 프로젝트에 적합하고, 또 현업에서 빠져나와 일하고 다시 돌아가는 형태였던 것에 비해, 셀 조직은 현업에서 고유한 역할을 담당하면서 동시에 프로젝트에 참여하게 되는 유연한 조직 형태다. 당연히 셀 리더가 프로젝트와 참가자들을 평가하고 그 평가 결과가 연간 업적 평가에 반영된다. 셀 조직은 필요에 의해서 수시로 생겼다가 없어진다. 경우에 따라서는 사업부 대표 결정으로 사업부 내 팀원들끼리 셀을 구성하고 해체하기도 한다. 셀 조직의 장점은 해당 부서에서 자신이 맡은 고유한 일을 하는 동시에, 타 부서에서 그 일을 하는 사람들과 함께 조직화되어 일함으로써 여러 분야의 전문가들과 실시간 협업을 통해 시너지를 창출하고, 정보공유의 양과 질이 높아지고 의사결정이 빨라져 결과적으로 프로젝트의 성과가 증대되고 조직의 유연성과 성과가 높아진다는 점을 들 수 있다.

### 양손잡이 경영은 필수다

경영자들 상당수가 단기적인 업무에 매몰되어 미래를 위한 준비를 소홀히 하는 경우가 많다. 그러나 오늘 잘되는 사업이 내일 잘된다는 보장이 없고 오늘 잘나가는 기업이 내일도 잘나간다는 보장이 없기 때문에 모든 기업과 경영자는 현재와 더불어 미래에 대한 준비를 철저히 해야 한다. 환경이 급격히 변하는 오늘날에는 그 중요성이 더욱 커지고 있다. 오늘과 내일, 둘 다를 중요하게 다루는 이른바 양손잡이 경영은 이제는 선택이 아닌 필수가 된 것이다.

현재에만 집중하면 미래가 보이지 않고, 미래를 위한 투자에 집중하면 당장 망할 가능성이 높아진다. 한쪽 손에는 현재를, 또 다른 손에는 미래를 잡고 아슬아슬하게 외줄타기를 하는 모습이 바로 오늘날의 기업과 경영자의 모습이어야 한다.

현재 잘되는 사업에서 최대의 성과를 창출하기 위해 노력하면서 미래를 위한 먹거리 준비에도 최대한 투자하고, 오늘의 제품 판매에 집중하면서 미래를 위한 연구와 개발에 집중적 투자를 할 수 있어야 한다. 당장의 이익을 극대화하면서 미래의 무형자산인 브랜드, 평판, 사회적 책임에도 균형적으로 투자를 할 수 있어야 장기적인 성장 발전을 지속할 수 있다.

휴넷은 창업 초기부터 늘 양손잡이 경영의 사고를 갖고 현재와 미래를 위한 균형 투자에 노력하고 있다. 어림잡아 현재의 경영에 70퍼센트, 미래를 위한 투자에 30퍼센트 정도를 배정하는 것이 적당한 비율이라고 생각한다. 양손잡이 경영 때문에 더 빨리 과실을 따지 못했다고 할 수도 있으나, 양손잡이 경영 덕분에 수많은 기업들이 명멸해 가는 와중에서도 꾸준하게 회사를 성장시킬 수 있었다고 믿는다. 한국 사업에 집중하면서도 6년 전부터 중국 사업에 도전했고, HRD 사업에 집중하면서 미래를 위한 에듀테크 사업화에도 집중 투자하고 있다.

한때 잘나가다 사라진 많은 기업은 양손잡이 경영에 실패한 경우라 할 수 있다. 현재와 미래의 균형을 잡아가는 아슬아슬한 외줄타기는 앞으로도 계속될 수밖에 없다. 양손잡이 경영은 오늘날의 모든 기업에 필수적으로 요구되는 조직 내 상시 긴장감 유지에도 크게 도움이 된다.

# 8
# 100세 정년, 평생직장을 꿈꾸다

**100세 정년이라고 적으세요**

창업 초기 어느 날이었다. 총무 담당 직원이 노동부에 자료를 제출해야 한다고 하면서 휴넷의 정년을 몇 살로 적으면 되느냐고 나에게 물었다. 그때나 지금이나 나는 규제를 싫어한다. 노동부에서 그런 것까지 간섭하느냐 하는 반발심이 들어서 '그냥 100세라고 적으세요'라고 퉁명스럽게 이야기하고 끝냈다. 그런데 며칠 후에 노동부에 정식으로 100세로 등록되었다는 보고를 들었다. '아차' 싶었지만, 이왕 엎지른 물이었다.

 정년제도에 대해 진지하게 고민하기 시작했다. 왜 정년이라는 제도가 존재할까? 답은 두 가지였다. 노동생산성은 특정 시점까지 올라가다 떨어지기 시작한다. 그런데 연공서열제하에서는 근속연수가 늘어남에 따라 급여는 지속적으로 많아진다. 회사가 직원을 고용하는 데에는 지급하는 급여보다 최소 몇 배 이상의 부가가치 창출을 할 것이라는 암묵적인 전제가 깔려 있다. 그러나 어느 순간 크로스가 발생하게 된다. 즉 급여 수준이 회사에서 요구하는 부가가치 창출 수준보다 높아지게 된다. 그 시점이 바로 정년이 되는 것이다.

그러나 육체노동이 아닌 지식경제 사회, 특히 휴넷과 같은 교육기업의 경우 나이가 들어도 생산성이 급격하게 떨어지지 않을 수도 있다. 95세까지 활발하게 현역으로 교수 활동과 집필을 한 피터 드러커 교수의 사례도 있지 않은가? 더군다나 연공서열제가 아닌 임금 피크제 방식으로, 창출된 부가가치에 따라 연봉을 조정할 수 있다면 나이에 상관없이 계속 근무할 수도 있겠다는 생각이 들었다. 일단 명확한 논리가 서자, 그때부터는 정년 100세를 자랑스럽게 이야기하기 시작했다. 회사 출입구 앞에 정년이 100세임을 알리는 액자를 붙이기도 했다.

평생직장이라는 개념에 대해서도 더 많이 생각하게 되었다. 우리나라는 IMF 체제를 전후해서 많은 것이 바뀌었다. 그중 대표적인 것이 바로 평생직장 개념이 사라진 것이라 할 수 있다. IMF 이후 많은 기업이 갑자기 정리해고를 하면서 수많은 사람이 마음의 상처를 입었고, 그때부터 평생직업은 있어도 평생직장은 없다는 것이 하나의 정설처럼 여겨졌다. 스스로 살길을 찾기 위해 투잡을 해야 한다고 주장하는 자기계발 전문가들도 많아졌다. 회사에 대한 애사심을 갖는 것이 오히려 비정상으로 치부되는 사회가 되었다. 참으로 안타까운 일이다.

최근 들어서는 그 경향이 더 심화되고 있다. 삼성을 비롯한 대기업들, 그리고 그동안 안정적으로 여겨졌던 금융권에서 희망퇴직이라는 이름으로 직장을 떠나는 사람들이 연간 수천 명에 이를 정도로 많아졌다. '사오정', '오륙도'라는 단어가 유행하더니, 이제 마흔만 넘으면 불안해하는 극단적인 상황으로 치닫고 있다.

이럴 때일수록 직업의 안정성, 평생직장, 퇴직 후 생계 지원이라는 역발상이 필요하다. 그런 직장이 되면 직원들의 몰입도와 충성도가 당연히 높아질 것이다. 직원 행복경영을 추구하는 휴넷이 선봉장이 되어야 한다는 생각에 직원 몰입 프로젝트인 매직 플러스에 직업의 안정성 개념을 추가시켰다.

**관리자가 되거나 전문가가 되거나**

현재 휴넷의 최고령자는 50대다. 따라서 100세 정년이 현실화될 때까지 수십 년을 기다려야 될 것이다. 그러나 선언적 의미로라도 정년에 구애받지 않고 일할 수 있다는 심리적 안정감을 심어주는 것은 중요하다.

물론 누구나 다 100세까지 근무할 수 있는 것은 아니다. 끊임없이 학습하고 변화하고 높은 부가가치를 창출하는 사람만이 그럴 자격을 갖게 된다. 나는 40세가 넘은 직원들과 간부들에게 수시로 협박 아닌 협박을 한다.

"마흔 넘은 사람들이 가장 위험하다. 과거의 경험에 매몰되어 학습하지 않고, 변화하지 않으면 여러분 앞엔 퇴보밖에 없다. 지식의 저주에 빠지지 말고 과거의 경험과 지식을 과감하게 버리고, 더 많이 학습하고, 끊임없이 변화하라."

회사에 고연령자가 많아지면 생기는 문제가 바로 관리직 리더의 자리가 부족하다는 것이다. 그것 때문에 피라미드형 조직이 되고, 그렇게 되어야 하기 때문에 어쩔 수 없이 상당수가 옷을 벗어야 하는 일이 발생한다. 한국 사람들이 특히 자리에 연연하는 경향이 있다. 미국을 비롯한 서구사회에서는 60세가 넘은 개발자와 연구자들이 수두룩하다. 오히려 나이가 들더라도 관리자 자리를 맡지 않고 본인이 좋아하는 연구, 개발 등의 전문가로 활동하고 싶어 하는 사람들이 많다. 그런 것이 자연스럽게 받아들여진다.

이런 상황에 맞는 경력 사다리가 바로 듀얼래더$^{\text{dual ladder}}$제도다. 휴넷에서는 더 많은 사람들이 정년에 구애받지 않고 오랫동안 근무할 수 있도록 듀얼래더제도를 운영하고 있다. 본인이 관리자로 가고 싶으면 관리자 사다리를 타면 되고, 적성에 맞지 않는 리더나 관리자의 역할을 하지 않고 오롯이 전문가로 남고 싶으면 계속해서 전문가로 활동할 수 있게 된다. 물론 전문가 트랙을 밟더라도 전문위원으로 승격해서 임원 대우를 받을 수 있다. 꼭 관리자의 길로 가지 않더라도 자신이 하고 싶은 일을 하면서 오래도록 휴넷과 함께 하는 각 분야별 전문가가 많아지길 희망한다.

## 100세 CEO가 되고 싶다

창업 초기에는 사업이 힘들 때가 많았다. 그래서 빨리 성공해 빨리 은퇴하고 편안한 노후를 보내고 싶다는 생각을 하곤 했다. 요즘엔 생각이 바뀌었다. 대한민국 최초의 100세 CEO가 되고 싶다는 생각을 자주 한다.

사람은 내려갈 때를 잘 알아야 한다. 노욕이 평생 쌓아온 것을 다 망치는 사례도 심심찮게 목도된다. 그런 점에서 나도 언제쯤 은퇴할까 생각을 하곤 한다. 손정의 소프트뱅크 사장도 그런 고민을 많이 했던 것 같다. 손 사장은 원래 60세가 넘으면 다른 사람에게 사장 자리를 넘기고 은퇴하겠다는 공언을 여러 번 했고, 실제로 그렇게 하려고 준비를 많이 했다. 인도 출신 경영자를 구글에서 영입해 후계자 경험을 쌓게 하기도 했다. 후계자에게 지급한 연봉이 1,000억 원을 훌쩍 넘길 정도였으니, 손 사장의 진실된 마음을 엿볼 수 있다. 그러나 얼마 전 손정의 사장은 은퇴를 번복하고 후계자를 내보냈다. 인공지능 시대, 특이점의 시대를 맞아 본인이 해야 할 일이 너무 많다는 것을 명분으로 내세웠다. 충분히 이해가 가는 대목이다.

2000년도에 《100억 연봉 CEO》라는 책을 쓴 적이 있다. 당시에는 연봉 1억 원 이상을 받는 사람이 거의 없었다. 그러나 CEO가 기업경쟁력에서 차지하는 비중이 점점 커질 것이고, 그렇게 되면 얼마

지나지 않아 100억 원의 연봉을 받는 CEO가 우리나라에도 등장할 것이라는 예측과 함께, 100억 원의 연봉을 받을 수 있는 경영자로 성장할 수 있는 다양한 전략과 방법을 정리한 일종의 자기계발서였다.

이제 나는 100세 CEO를 꿈꾼다. 앞으로는 더욱 빠르게 세상이 변해갈 것이다. 100세 CEO도 건강을 유지하면서 활발하게 활동하고 총명한 의사결정을 할 수 있는 시대가 될 것이다. 30년 전에는 환갑만 되도 할아버지로 인식되었으나 지금은 60이면 청춘이다. 50년 후 내가 100살이 될 때쯤, 그때 100살은 요즘으로 치면 60~70세 정도의 건강을 유지할 수 있으리라 생각된다. 물론 모두에게 기회가 주어지지는 않을 것이다. 지금부터 50년 후를 내다보면서 꾸준히 건강을 관리하고 학습하는 사람과 그렇지 않은 사람 간에는 엄청난 차이가 있을 것이다.

100세 CEO를 꿈꾸는 삶과 조기에 은퇴를 꿈꾸는 경영자의 삶은 분명히 큰 차이가 있을 것이다. 나는 50년 후를 내다보면서 100세 CEO의 삶을 준비할 생각이다. 50년을 내다보면 결코 서두를 필요가 없다. 지름길을 찾아 빨리 가려고 하지 않아도 된다. 올바른 길을 찾아 호시우보虎視牛步, 우보만리牛步萬里로 천천히 걸어가면 된다.

서른다섯 살에 창업했으니 100세가 되면 65년 동안 사장을 하게 된다. 공명심이나 권력, 부를 추구하기 위해 CEO를 오래 하고 싶은 생각은 추호도 없다. 내가 가진 경험과 지혜, 통찰을 잘 정리해서 후배들에게 다양한 방법으로 도움을 주고 싶다. 100세 사장을 한다고 해서 모든 것을 다 쥐고 있으면 안 될 것이다. 시간이 흘러가면서 100명 이상의 사장을 배출하고, 그들이 경영을 잘할 수 있도록 돕는 멘토 역할이 아마도 내 역할이 될 것이다.

### 평생 동안 감사를 표시하자: 직원행복기금

노인 문제가 나날이 심각해지고 있다. 50살이 된 직후 퇴직하고, 또 50년을 살아야 하는 무서운(?) 일이 현실이 되고 있다. 정부만의 노력으론 해결하기 어려운 상황에 몰리고 있다. 우리나라의 고령자들은 일본처럼 향후 수십 년을 살아갈 경제적 준비가 안 된 상태에서 퇴직으로 몰리는 경우가 많다. 어느 날 이런 생각이 들었다.

'인생의 소중한 시기를 휴넷에 투자한 사람들의 노후를 조금이라도 도와줄 수 없을까?'

이런 고민 끝에 만들어진 제도가 직원행복기금이다. 소중한 인생을 휴넷과 함께한 고마운 사람들에 대한 평생 케어 시스템이라 할 수 있다. 휴넷에서 15년 이상 근무한 사람이 대상자가 된다. 임원으로 근무한 사람은 최소 10년이면 자격을 부여받을 수 있다.

이렇게 자격이 부여된 사람들을 명예의 전당에 올리고, 이 사람들이 퇴직하게 되면 만 65세가 되는 시점부터 사망 시까지 매년 일정한 행복기금을 받을 수 있도록 하는 것이다. 그들의 생계를 다 책임지지는 못하겠지만 죽을 때까지 조금씩이라도 경제적 도움을 드릴 수 있다면 얼마나 행복하겠는가?

구체적으로 살펴보면 다음과 같다. 회사에서는 직원들에게 매년 직급과 인사고과 등급에 따라 해피 라이프 포인트를 적립해준다. 그리고 매년 순이익의 3퍼센트를 따로 떼서 외부의 독립 기관에 유치해나간다.

1인당 매년 지급되는 금액은 다음과 같이 산정한다. 내외부 전문가들로 구성된 직원행복기금운용위원회에서 누적 기금 적립 상황을 살펴보고 기금이 줄어들지 않는 선에서 당해 연도에 지급할 총액을 산정한다. 그 금액을 당해 연도 기금 수령자들이 보유한 총 해피 라이프 포인트로 나눈다.

예를 들어보자. 2020년에 지급할 수 있는 총액이 1억 원이고, 대상자가 다섯 명, 대상자의 총 해피 라이프 포인트가 1만 포인트이다. A의 포인트는 1,000점이다. 그럼 포인트당 1만 원이 지급되고 A는 해당 연도에 1천만 원을 받게 된다. 회사는 회사를 위해 고생한 직원들의 노후 생계를 도울 수 있어 좋고, 해당 직원은 금액의 크기를 떠나 인생의 소중한 시기를 보낸 회사에서 계속 지급되는 생계 보조금에 감사할 것이다.

최근 직원 공모를 통해 직원행복기금 대상자를 지칭하는 네이밍을 'WHO'로 결정했다. 'We are the History Of HUNET'의 글자를 따서 만들었다. 이미 두 명의 대상자가 나왔고, 10년 넘게 근속한 직원들이 상당수 있어 앞으로 계속해서 직원행복기금 대상자가 배출될 것으로 예상된다. 이들의 사진과 프로필을 별도 마련한 명예의 전당에 상시 전시할 생각이다. 대상자 스스로 명예롭게 생각하게 될 뿐만 아니라, 직원들이 이를 보면서 자신의 소중한 인생을 휴넷과 함께하고 싶다는 목표를 가질 수 있는 부수적인 효과도 있을 것이라 믿는다.

　이 제도가 성공적으로 정착되고 나면, 적극적으로 외부에 알려서 많은 기업들이 동참하게 하고, 정부에서도 제도화할 수 있도록 적극 제안할 생각이다.

### 핵심인재 장기근속 유도: 내일채움공제

정부는 중소기업의 우수인재 유치를 위해 '내일채움공제'라는 제도를 운영하고 있다. 휴넷은 직원들의 근속을 유도하기 위해 초창기부터 이 제도를 도입했고, 30여 명의 직원들이 혜택을 받고 있다.

　회사마다 나름의 기준으로 이 제도의 대상자를 선정할 수 있다. 휴넷은 3년 이상 재직자 중 인사평가에서 두 번 이상 A등급을 받은 사람을 대상자로 한다. 이 대상자들이 매월 10만 원씩을 납입하면 회사가 추가로 24만 원씩을 적립하고, 5년 후 본인이 납입한 금액의 3.6배가 넘는 목돈을 수령할 수 있는 제도이다.

　직원으로서는 납입한 금액보다 훨씬 많은 금액을 수령할 수 있고, 회사로서는 우수한 인재의 장기근속을 유도할 수 있는 데다가 세금 혜택까지 받을 수 있는 좋은 제도이다. 더 많은 기업들이 활용할 수 있기를 바란다.

3장
문화가
경쟁력이다

# 1
## 사장실이 없는 회사, 수평문화가 답이다

**기업문화가 경쟁력이다**

여러 해 전 라스베이거스에 있는 자포스라는 회사를 방문했을 때 문화적 충격을 많이 받았다. 자포스 직원들은 다른 사람 눈치 하나 보지 않고 즐겁게 노는 것처럼 일하고 있었다. 입구 쪽 벽에 100여 개의 넥타이를 잘라서 전시해 놓은 것이 있어 무슨 의미냐고 물어보았다. 창업 초기에 넥타이를 매고 출근하는 직원들이 많아 잘라서 벽에 걸어두었다는 것이다. 넥타이를 매고 출근하면 사고가 경직될 가능성이 높다는 이유라 한다.

휴넷도 창업 초기부터 일반 직원들은 특별한 일이 없으면 굳이 양복을 입고 출근하지 않아도 되도록 했다. 자유로운 분위기에서 일하는 것이 좋겠다는 생각에서였다. 여름에는 반바지 차림에 슬

리퍼를 신고 출근하는 남성 직원들이 많을 정도로 자유로운 분위기다. 그럼에도 불구하고 나는 사장이라는 이유로 창업 이후 16년 동안 매일 양복에 넥타이를 매고 출퇴근했다. 특별한 일정이 생길 수도 있어 상시 대기해야 한다는 이유도 있었고, 사장은 항상 준수하게 차려입어야 하고, 흐트러진 모습을 보여서는 안 된다는 스스로에 대한 다짐 때문이기도 했다.

라스베이거스에서 귀국한 직후부터 넥타이를 풀고 캐주얼 차림으로 출근을 시작했다. 나 스스로 좀 더 사고가 유연해지고 자유분방해짐을 느꼈다. 그리고 직원들이 나를 훨씬 더 편안하게 대한다는 느낌을 받았다. 복장 하나가 여러 가지를 바꿀 수 있음을 체감하게 된 좋은 계기였다.

요즘 들어 기업문화의 중요성이 점점 커지고 있다. 특히 세계 경제를 주도하고 있는 실리콘밸리 기업들이 파격적인 변화를 선도하면서 위계 중심의 한국 기업문화가 자주 도마에 오르고 있다.

나는 현재 시점에서 한국 기업이 글로벌 경쟁력을 갖추는 데 가장 시급한 것이 바로 기업문화의 혁신이라고 믿고 있다. 기업문화는 처음부터 중요했다. 한 회사의 성공과 실패가 문화 차이에서 비롯되는 경우가 많다. 문화에 따라 전략이 성공하기도 하고 실패하기도 한다. 문화에 따라 우수한 인재가 들어오기도 하고 또 나가기도 한다. 빙산의 일각처럼 작아 보이고, 만질 수도 없는 무형자산인 기업문화에 대해 심각하게 고민하고 경쟁력 있는 미래형 문화로 변화시켜 나가야 한다.

급변하는 세상에 제대로 대응하기 위해선 한국 고유의 수직적 위계문화에서 신속히 탈피해야 한다. 자유로운 소통이 활발하게 이뤄지고, 직원들이 스스럼없이 자신의 의견을 제시할 수 있도록 바꿔야 한다. 실리콘밸리엔 '빨리, 작게 실패하라'는 격언이 있다. 실패를 용인하는 것을 넘어 실패를 장려하는 문화를 만들어가는 것도 시급하다. 수평적 커뮤니케이션, 유연성, 자율성, 다양성 존중과 같은 실리콘밸리 문화의 강점에 정(情), 신바람, 공동체 의식 같은 우리 고유의 문화적 강점을 결합시키는 노력이 필요하다.

기업문화를 바꾸는 것은 대단히 어렵다. 문화를 바꾸는 데 평균 7년이 걸린다는 주장도 있다. 더군다나 기업문화는 기업을 둘러싼 상위구조의 지배를 받는다. 즉 한국 기업문화는 우리나라, 우리 민족의 정서와 문화의 지배를 받게 된다. 기존의 수직적 위계 문화가 지배하는 한국 사회에서 개개 기업의 노력만으로 수평적 문화로 이행하는 것은 결코 쉽지 않다. 그만큼 경쟁력 있는 미래형 문화로의 이행이 어렵고, 그만큼 선진 기업문화로의 변화를 위한 노력이 더 필요하다는 이야기다.

**사장실을 없애다**

휴넷에 새로 합류한 신입사원들이 가장 놀라워하고 또 가장 좋아하는 것이 수평문화다. 휴넷은 국내 기업에서는 찾아보기 힘들 정도로 수평문화가 발전되어 있다. 우선 사장실이 따로 없다. 사장인 나를 포함해 모든 임원들이 그냥 평사원들과 똑같은 위치에서 함께 일한다. 휴넷에는 그 어떤 격식도 의전도 없다. 실용성이 최상의 가치다. 물론 새로 입사하는 팀장이나 임원의 경우 매우 당혹스러워하거나 쉽게 적응하지 못하는 경우도 종종 있다. 그들은 오히려 수평문화가 불편한 것이다. 여느 회사와 달리 휴넷은 직급에 따라 자동적으로 대접해주지 않는다. 직급에 구애받지 않고 맨 아랫직원이라도 하고 싶은 이야기를 다 한다. 상사들도 할 일을 스스로 다 하도록 압력을 가하기도 한다.

1988년 12월 대기업에 입사했을 때 수직적 위계구조의 불합리성을 목도했다. 당시 신입사원부터 그룹 회장까지 최대 12단계의 결재 단계가 있었다. 결재를 받는 데만 6개월이 소요되는 경우도 허다했다. 결재를 받은 사항이 맨 아래 직원까지 전달되는 데에 또 몇 달이 걸리기도 했다. 당시 그룹 회장이 한자(漢字) 사용을 강조해서 대부분의 품의서에는 한자를 주로 써야 했고, 대리, 과장, 차장, 부장, 이사 대우, 이사, 상무, 전무, 부사장까지 결재가 올라갈 때마다 틀린 한자가 발견되면 아예 처음부터 다시 기안을 해서 도장을 다시 찍는 일을 반복했다. 업무 비효율의 극치를 보는 듯했다.

그러던 중 1990년대 중반 인텔의 앤드류 그로브 회장이 쓴《편집광만이 살아남는다(승자의 법칙)》라는 책을 보게 되었다. 그리고 인텔의 수평적 토론문화를 엿볼 수 있는 비디오를 보게 되었다. 문화적 충격을 받았다. 세계에서 몇 번째 안에 들 정도의 큰 기업인 인텔 회장이 따로 회장실 없이 일반 직원들과 똑같은 사무실에서 근무를 하고 있었다. 일반 사원들과 그룹 회장이 똑같이 책상에 걸터앉아 마치 싸우는 것처럼 토론하는 광경도 충격적이었다.

그때 결심했다. '내가 창업을 해서 사장이 되면 사장실을 따로 두지 않겠다'고. 혹시 마음이 흔들릴 경우를 대비해서 미리 스스로에게 약속을 했다. '내가 인텔 앤드류 그로브 회장보다 더 유명해지거나, 우리 회사가 인텔보다 더 크게 성장하지 않는 한 사장실을 별도로 두지 않겠다'고.

물론 사장실이 별도로 있는 것은 장단점이 있다. 사장은 하루 30분 정도 아무 일도 하지 않고 멍하니 앉아 창밖을 내다보는 시간도 필요하다. 조용하게 기밀 이야기를 할 자리가 필요하기도 하다. 그럼에도 불구하고 여태껏 사장실을 따로 두지 않는 이유는 수평문화를 가꿔가는 것이 그 모든 것보다 더 중요하다고 생각하기 때문이다. 사장실을 따로 갖지 않는다는 것 자체가 휴넷의 수평문화, 실용문화, 격식과 의전을 따지지 않는 문화의 대표성을 갖고 있기에 더욱 그렇다.

최근 들어 유대인은 신 앞에 모든 사람이 평등하다는 사상을 가지고 있어 유대인 출신 사장들이 따로 자신만의 방을 갖지 않고 일반 직원들과 같은 공간에서 수평적으로 일하는 경우가 많다는 사실을 우연히 알게 되었다. 앤드류 그로브 회장도 유대인이고, 역시 따로 사장실 없이 일반직원들과 똑같은 공간에서 일하는 페이스북의 마크 저커버그도 유대인이다. 전 세계 인구의 0.2퍼센트에 불과한 유대인이 세계를 선도하는 데에는 이와 같은 수평문화가 큰 역할을 하고 있다는 것을 알 수 있다. 우리도 최단 시일 안에 수직적 위계문화에서 벗어나 수평문화를 일반화시켜야 한다.

물론 수평문화만 정착된다고 해서 모든 문제가 해결되는 것은 아니다. 직원들이 눈치 보지 않고 리더에게 편안하게 아무 이야기나 건넬 수 있도록 하는 것이 중요하다. 그렇게 하기 위해서는 직원들과 좀 더 가까이 만나는 기회를 많이 가져야 한다. 그들의 이름을 기억함은 물론, 그들이 하는 일의 특성을 미리 살펴서 적절하게 개인 맞춤형 대화를 나눌 수 있어야 한다.

휴넷은 '잔디'라는 이름의 사내 메신저를 전체 직원들이 함께 사용하고 있다. 나는 잔디를 통해 평균 하루 열 건 이상씩 말단 직원들과 편안하게 대화를 나눈다. 대화 중 절반 이상은 그들이 먼저 나에게 말을 건 경우다. 업무뿐만 아니라 농담도 편안하게 주고받는다. 직원들 중에는 자기 팀의 팀장에게 칭찬과 격려를 해달라고 부탁하는 경우도 있다. 왜 자기 팀은 술을 사주지 않느냐고 따지는 경우도 있다. 그만큼 거리낌 없이 편안하게 대화를 나눈다는 의미다.

**시급한 과제, 수직적 위계구조 타파**

한국은 전통적으로 유교 사상이 지배하고 있는 사회다. 장유유서長

幼有序가 뿌리 깊게 자리 잡고 있다. 상위자가 이야기하면 아무런 의문을 제기하지 않고 그대로 받아들여야 하고, 만약 다른 의견을 제시하면 불충하거나 예의가 없는 것으로 오해받는 문화에 익숙한 사회다.

과거에는 오히려 수직적 위계구조가 효과적일 때도 분명히 있었다. 오늘날처럼 환경이 급격히 변화하지 않고 안정적인 상황에서는 미래를 내다본 통찰력 있는 리더가 지시를 내리면 토를 달지 않고 일사불란하게 한 방향으로 열심히 뛰는 것이 추격자 논리에는 더 맞았다고 볼 수 있다.

그러나 이제는 환경이 변했다. 세상이 어떻게 변할지 아무도 모른다. 아무도 가지 않은 길을 먼저 개척해나가야 한다. 말단 직원들의 현장감 있는 판단력과 신속한 의사결정이 중요한 때가 되었다. 스스로 결정하기를 좋아하는 밀레니엄 세대가 조직의 중추 역할을 한다. 오늘날 수직적 위계 조직문화는 모든 악의 뿌리가 될 수 있다. 업무 속도가 저하되고, 원활한 소통을 막게 된다. 실질보다 포장에 급급하고 관료제와 대기업병을 심화시키는 주범이 된다. 우수한 젊은 인재의 이탈을 부추기게 된다. 이제 수평문화는 미래형 기업에 있어 선택사항이 아닌 필수가 되었다 할 수 있다.

수평적 조직 문화가 되면 직원의 자발적 참여가 늘어나고, 의사소통이 빨라진다. 신뢰도가 높아지고 환경 변화에 유연하게 대처할 수 있게 된다. 허례허식과 불필요한 의전과 격식에 얽매이지 않게 된다. 대기업병과 관료제를 벗어나는 데도 도움이 된다. 우수한 인재, 글로벌 인재 확보에도 도움이 된다. 한국 기업문화의 병폐 중 가장 시급하게 벗어나야 할 문화 단 하나를 든다면 단연코 수직적 위계 문화다. 가장 빠른 시일 안에 수평문화로 이행하는 기업만이 글로벌 무한 경쟁시대에 살아남을 수 있다.

### 수평문화에 대한 오해를 넘어

과유불급過猶不及이라 했다. 수평문화가 지나치면 오해와 갈등을 불러일으키기도 한다. 가장 큰 문제는 휴넷에 새로 합류한 리더가 휴넷 특유의 수평적 조직 문화에 놀라고, 너무나 당당한 부하 직원의 기에 눌려 정당한 지시를 내리는 것조차 부담스러워한다는 점이다. 하위 직원의 경우 상사의 정당한 지시사항을 잘 따르지 않는 경우도 가끔 발생한다. 이러한 오해와 갈등 해소를 위해 전 직원 대상으로 이메일을 써 우리가 추구하는 수평조직의 진정한 의미를 설명하고, 전사 워크숍에서도 이를 강조해서 다시 설명하기도 했다.

    수평문화는 조직의 위계를 완전히 없애는 무계급 사회를 지향하는 것이 아니다. 우리가 추구하는 수평문화는 누구나 직급에 관계없이 눈치 보지 않고 자기 의견을 편하게 표출할 수 있고, 누가 아이디어를 냈느냐에 관계없이 그 아이디어의 타당성에 의해 의사결정이 이루어지는 구조를 만드는 것이 핵심이다. 상위 직급자라고 함부로 부하 직원에게 불합리한 일을 시켜서는 안 되고, 상사의 지시가 불합리할 경우는 언제든 편안하게 이의 제기를 할 수 있는 문화를 만들고 싶은 것이다. 현장에서 중요한 일이 발생했을 때 상사의 지시가 내려올 때까지 소극적으로 기다리는 것이 아니라, 스스로 의사결정권자가 되어 주도적으로 결정을 내리고 즉각 문제를 해결하자는 것이다. 의전과 격식을 따져 상사를 모시는 데 들어가는 에너지와 시간을, 고객을 위한 가치 창출과 성과 창출을 위한 일에 쓰자는 것이다.

## 2
## 믿고 맡기면
## 스스로 주인이 된다

**믿고 맡기면 주인의식으로 보답한다**

학창시절, 게으름을 피우다 이제 막 마음먹고 책상에 앉으려는 찰나에 '공부 좀 해라'는 엄마의 잔소리를 듣고 나면 공부가 하기 싫어진 경험은 누구나 있을 것이다.

직원들은 자율권을 주고 스스로 하게 되면 주인의식으로 보답하고, 하나하나 관리하고 통제하면 시키는 일만 하는 척하는 머슴으로 전락하게 된다. 주인의식은 급여를 더 주거나 스톡옵션을 제공한다고 생겨나지 않는다. 특정한 업무에 관한 의사결정에 주도적으로 참여하고 스스로 결정할 수 있을 때 주인의식이 생겨난다. 일의 주인이 될수록 회사에 대한 주인의식도 점차 커지게 된다. 통제와 간섭 대신 믿고 맡기면 자발적 참여와 몰입도가 높아지고 자연스럽게 주인의식, CEO 마인드로 일하게 된다. 자율은 사람에 대한 믿음에서 출발한다.

"어떤 사람이 당신에게 신뢰한다는 신호를 보내면 당신은 더욱 긍정적으로 반응하게 된다. 신뢰를 경험한 사람은 더 관대한 태도와 남을 신뢰하는 반응을 보인다. 직원에게 신뢰한다는 신호를 보내는 정책들이 만들어지면 직원 상호간 신뢰와 생산성이 높아진다."

경영의 구루로 인정받는 데이비드 버커스가 쓴 《경영의 이동》에 나온 이야기다. 먼저 직원을 믿고 맡기면 긍정의 효과가 나오고, 믿지 못해 통제하기 시작하면 상황이 점점 더 악화된다. 직원들에게 신뢰한다는 신호를 보내면 직원들도 회사를 신뢰하게 된다. 직원들은 자율적 참여, 주인의식과 책임감 제고, 생산성과 경쟁력 향상으로 보답한다.

한국 사람들은 유독 자율권이 주어질 때 더 신나서 일하고 창의성도 높아지고 조직에 대한 충성도도 높아지는 경향이 있다고 조직 심리학자들은 말한다. 소위 한국인 특유의 열정과 끼, 신바람과 흥은 그들을 믿고 자율적으로 일할 수 있도록 하는데서 비롯된다는 점에 주목할 필요가 있다.

### 원하는 만큼 마음껏 휴가를 다녀오세요: 무제한 자율휴가제

'닭이 먼저냐 달걀이 먼저냐'의 논쟁처럼 '직원들을 먼저 믿고 맡길 것인가? 혹은 스스로 잘 하는 것을 확인한 다음 자율권을 줄 것인가' 하는 문제로 고민하는 경우가 많다. 대부분의 조직처럼 휴넷에서도 선뜻 직원들을 믿고 자율에 맡기지 못한 일들이 많았다. 위대한 기업으로 성장하기 위해서는 자율도 좋지만 엄격한 규율의 문화가 필요하다는 나름의 철학도 있었다.

어느 순간 이제는 우리 직원들이 충분히 믿고 맡길만하다는 생각이 들었다. 무엇보다도 평균 나이가 33세에 이를 정도로 다 어른이 되었다는 것에 생각이 미쳤다. 그 나이면 대부분 결혼해서 가정을 꾸리고 있는데, 출퇴근 시간까지 체크하고 통제한다는 것은 우리 직원들을 어린애 취급하는 게 아닌가 하는 자괴감이 생기고, 성숙한 시민의식을 가진 우리 직원들에 대한 예의가 아니라는 반성을 하게 되었다.

맨 먼저 출퇴근 시간을 체크하지 않고 자율에 맡기기로 했다. 규제를 풀고 자율에 맡길 때는 예외 없이 초기 부작용에 의한 생산성 저감 기간을 겪게 된다. 인내를 실험하는 사건이 종종 발생하기도 한다. 그 기간을 견뎌내지 못하고 원위치로 돌리는 경우가 많다. 그 기간 동안 전략적 인내를 해낼 수 있어야 하고, 적절한 피드백과 교육, 계몽을 통해 부작용이 지속되는 기간을 최소화해야 한다.

출근부 기록 폐지가 어느 정도 정착되어 가자 그 다음으로 유연근무제를 도입했다. 아침 8시부터 10시까지 편한 시간을 택해 출근하고 퇴근은 오후 5시부터 7시 사이에 하는 것으로 했다. 역시 초기에는 부작용이 있었다. 8시 출근자가 5시가 되어도 주변 눈치를 살

피느라 제때 퇴근하지 못하는 사례가 종종 있었다. 7시 퇴근자는 저녁 회식에 언제 합류할까 고민하는 모습도 발견되곤 했다. 이런 분위기를 깨뜨리기 위해 계몽과 교육, 다양한 이벤트를 실시했다. '남들 눈치 보지 말고 퇴근하라. 다 큰 어른들이 평생 남의 눈치나 보면서 출퇴근도 자유롭게 못하는 인생을 살고 싶으냐?'라는 강한 어조의 이메일을 보내고 나니 바로 정착이 되었다.

서로 신뢰하고 믿고 맡기는 문화가 조금씩 정착되어 갔다. 누가 시키지 않아도 스스로 알아서 하는 자율 참여 문화도 자연스럽게 정착이 되었다. 휴가신청서의 '사유'란도 폐지했다. 눈치 보지 않고 휴가를 가라는 의미였다. 법정 휴가일을 초과해서 입사하자마자 최소 15일의 휴가를 지급하는 것으로 했다. 80퍼센트 이상의 직원이 규정된 휴가를 다 채워서 가는 문화가 정착이 되었다. 거의 모든 직원이 주어진 휴가의 80퍼센트 이상을 사용하고 있었다.

2017년부터는 아예 무제한 자율휴가제를 실시했다. 그렇게 되면 오히려 주어진 휴가를 덜 쓰는 것 아니냐는 의구심도 있어서 법이 정하는 휴가까지는 회사에서 적극 독려하기로 하고, 그 이상도 본인이 알아서 눈치 보지 말고 맘껏 휴가를 다녀오라고 했다. 이제 막 시작이라 그 결과가 어떻게 나올지 아직은 알 수 없다. 기존과 비슷한 정도, 혹은 약간 더 휴가를 많이 가는 결과가 나오지 않을까 생각한다.

결과가 대동소이하더라도 직원들은 회사가 직원들을 신뢰한다는 확실한 메시지를 인식하게 되었고, 상사나 회사, 동료의 눈치를 보지 않고 스스로 결정할 수 있는 선택권을 갖게 되었다는 것은 분명하다. 그런 것들이 자발적 참여와 주인의식, 업무 몰입과 행복도 증진으로 이어질 것으로 확신한다.

반바지 출근, 낮잠 장려 등의 제도도 직원들을 신뢰하고 그들에게 자율권을 주기 위한 제도의 일환으로, 직원들의 큰 호응하에 잘 시행되고 있다. 거듭 밝히거니와 일은 인풋$^{input}$이 아닌 아웃풋$^{output}$이다. 인풋을 통제하는 데서 벗어나 스스로 알아서 아웃풋을 극대화하는 방향 전환이 시급한 과제다.

자발적으로 스스로 알아서 일하는 문화를 만들기 위해 야근 없애기도 강조하고 있다. 큰 프로젝트 마감일이 다가오거나, 휴가를 가기 위해 미리 일을 정리해야 한다든지 하는 불가피한 야근은 당연히 있을 수 있다. 그러나 불필요한 야근, 상사나 동료 눈치 보는 야근, 습관적인 야근은 백해무익하다. 근무시간에 몰입해서 일하면 위 세 가지 야근 없이도 충분히 원하는 성과를 낼 수 있다. 그리고 정시 퇴근 이후에 다양한 방법으로 개인의 행복한 삶을 꾸려가게 하는 것이 직원이나 회사 모두에 바람직한 일이다.

### 승진 대상자로 저를 추천합니다!

회사에서는 비전이나 사명, 주요 정책을 결정할 때마다 사전 설명회와 더불어 설문조사를 실시하여 직원 의견을 최대한 많이 수렴하고 있다. 직원들의 참여도가 매우 높다. 중장기 전략이나 연 사업계획에 대한 초안을 대표이사가 작성하여 전 직원에게 메일로 공유한 후 직원들이 편안하게 의견을 개진하게 하고 있다.

정례 조직 개편 시에는 본인의 거취를 포함해서 조직 개편에 대한 의견을 편안하게 말할 수 있도록 하고 있다. 인재경영실에 익명으로 의견을 내거나, 사장에게 직접 이메일을 보내도록 한다. 실제로 많은 직원들이 옮기고 싶은 부서를 적어서 보낸다. 그리고 특별한 문제가 없으면 대부분 반영해준다.

회사의 특정 부서에 자리가 날 경우 먼저 직원 대상으로 공모를 하는 '잡 포스팅'도 시행 중이다. 지원자가 있을 경우 해당 부서장과 인재경영실의 인터뷰를 통해 적합성을 평가하고, 적합하다고 인정되는 경우 사내 인재를 우선 배치한다. 본인 스스로 직무를 선택한 만큼 적성에도 맞고 즐겨 일할 수 있기에 이동 후 만족도가 매우 높고 인사평가에서도 대부분 좋은 평가를 받는다. 연말 승격 시즌에는 정기 승격 대상자가 아닌 직원들을 대상으로 '셀프 승진 추천제'를 운영하고 있다. 본인 스스로 승진 대상자로 추천하고 그 사유를 쓰게 한다. 2016년에는 세 명의 셀프 승진 추천자가 있었고 승진 심사를 통해 그중 두 명을 승격시켰다.

'상상파크'라는 제안 앱도 운영 중이다. 이곳에는 1년에 수백 개의 제안이 올라오고, 올라오는 제안에 대해 직원 누구나 추가 의견을 덧붙이거나 스스로 채택해서 실행할 수 있도록 하고 있다. 직원을 먼저 믿고 맡긴 결과가 주인의식, 자발적 참여, 몰입도와 생산성 증가의 선순환으로 이어지고 있다.

새로운 제도를 도입할 때는 반드시 직원 설명회를 개최해서 직원 의견을 반영하고 있고, 신상품 브랜드, 오프라인 교육장처럼 새로운 이름을 작명해야 할 때도 예외 없이 직원 공모를 통해 결정한다. 그때마다 직원들의 자발적인 참여도와 기발한 아이디어에 놀라곤 한다.

### 임파워먼트로 사람과 조직을 키운다

2017년부터는 사내의 사업본부를 전부 사업부 체제로 재편했다. 연구소와 IT본부도 사업부 체제로 전환했다. 담당 임원들은 본부장에서 사업부 대표로 불리게 되었다. 회사 대표와 구분하기 위해 나는 사장으로 부르게 했다. 법적으로는 휴넷 하나의 회사이지만 경제적으로는 각 사업부별 독립채산제로 운영될 수 있도록 해서 책임경영 체제를 정착시켰다.

사업부 내의 모든 의사결정을 사업부 대표가 하고 사장은 코칭과 자문 역할을 수행하기로 했다. 이렇게 되자 사업부 대표들은 최종 의사결정자로서 사실상 사장의 역할을 미리 경험하면서 조금씩 더 성장하고 있다. 의사결정 단계도 기존의 팀원-팀장-본부장-사장 4단계에서 팀원-팀장-사업부 대표 3단계로 축소하여 더 빠르고 유연한 대응이 가능토록 바꾸었다.

가끔은 사업부 대표들이 중요 사안을 가지고 와서 나에게 결정을 내려달라고 한다. 그럴 때 특별한 일이 아니면 "당신이 알아서 해보세요"라고 해서 돌려보낸다. 대부분의 경우는 내가 결정했을 때와 같은 결정을 내리게 된다. 그렇게 함으로써 스스로 책임져보면서 성장하고 재미를 느끼고, CEO 훈련을 통해 차세대 CEO로 성장하게 된다. 임원급 모두 사장 마인드로 무장하게 된다. 사업부 대표들에게는 가능한 범위 내에서 팀장급 직원들에게 임파워먼트를 시키라고 강조하고 있다. 팀장 역시 마찬가지다. 반드시 본인이 내려야 할 의사결정 사항이 아닌 이상 직원들 스스로 의사결정할 기회를 최대한 많이 부여하라고 이야기한다. 그렇게 해야 전체 조직의 파워가 커지게 된다.

자율과 자발적 참여 경영이 이제 어느 정도 자리를 잡아가고 있다. 더불어서 직원들의 책임감과 만족도도 점차 커지고 있다. 회사의 성장 속도에 맞춰 직원들도 하루하루 성장하고 있다.

## 3
## 피할 수 없으면 즐겨라

**변화하지 않으면 누구나 죽는다**

변화하지 않으면 누구나 곧 죽는다. 개인과 조직뿐만 아니라 자연도 마찬가지다. 자연은 변화하지 않은 개체에 무자비하다. 오늘날뿐만 아니라 인류 역사가 그렇다. 역사의 발전은 항상 먼저 변화하는 사람과 세력들에 의해 개척되어왔다. 다만 오늘 우리에게 닥친 변화는 역사상 그 어느 때보다 크고, 거대하고, 빠르고, 넓은 소용돌이라는 점이 다를 뿐이다. 아마도 변화가 멈추는 시기는 찾아오지 않을 것이다. 오히려 점점 더 변화의 파고가 높아지고, 주기가 빨라지고, 그 크기가 세질 것이다.

변화는 결코 유쾌한 것이 아니다. 우리 인간은 변화보다는 안정을 추구하는 본능을 가지고 있다. 그래서 변화는 늘 아픔을 가져다

준다. 혁신革新은 '쇠가죽을 뜯어 무두질을 해서 새롭게 한다'라는 사전적 의미를 가지고 있다. 변화와 혁신은 필히 피를 부를 정도로 힘들고 어렵다는 뜻을 내포하고 있다.

여기에 딜레마가 있다. 변화하지 않으면 다 죽게 되어 있는데, 변화 자체는 매우 어렵고 또 싫다. 어떻게 해야 할까?

피할 수 없으면 즐겨야 한다. 생각을 바꾸면 된다. 어쩔 수 없이 수동적으로, 소극적으로 힘들게 변화에 끌려갈 것이 아니라, 능동적으로 즐기면서 변화를 선도하는 쪽으로 방향을 선회하면 되는 것이다. 물론 쉽지는 않다. 쉽지 않아서 오히려 더 재미있고, 쉽지 않기에 만약 우리가 해낸다면 경쟁사에 비해 차별적 우위를 확보하게 되는 것이다.

### 일신일신우일신, 매일매일 변화하라

창업 초기부터 변화와 혁신에 유독 많은 노력을 기울여왔다. 이론과 실무를 통해 변화 혁신의 중요성을 충분히 숙지하고 있었고, 나름대로 방법론도 익혔다고 생각한다. 변화와 혁신을 위해 해온 활동들을 간략히 소개한다.

우선 무엇보다 중요한 것은 조직 전체가 늘 긴장감을 유지하고 위기의식을 공유할 수 있도록 하는 것이다. CEO 메시지 등을 통해 수시로 변화 혁신의 중요성을 역설하고, 타 기업의 변화 혁신 성공 사례, 혹은 변화하지 못해 도산에 이른 기업 사례를 전 직원들과 공유하면서 조직의 긴장감을 유지하고 안주하려는 마음을 떨쳐버리기 위해 노력해왔다.

다른 모든 것과 마찬가지로 변화 혁신에 있어서도 사장을 포함한 경영진과 중간관리자 층의 솔선수범이 중요하다. 사장과 경영진보다는 중간관리자가 변화에 더 많이 저항한다는 연구 결과도 많다. 따라서 변화 혁신을 즐기는 조직을 만들기 위해서는 중간관리자에 대한 특별 관리가 필요하다. 수시로 중간관리자 층에 대한 코칭과 교육을 통해 안주와 저항 대신 변화를 선택할 수 있도록 만들어야 한다. 회사에서 연 2회씩 실시하는 리더십 평가에도 변화 혁신에 관한 문항을 여러 개 넣어서 그들의 변화 정도를 측정하고 개선해나갈 수 있도록 코칭하고 있다.

변화를 위해서도 학습이 중요한 역할을 한다. 끊임없이 학습을 해야만 새로운 것에 호기심이 생겨 미래를 향한 도전에 나서게 된다. 과거에 연연하고 안주하면 실패할 수 있다는 위기의식도 학습을 통해 배울 수 있다. 대체적으로 공부를 좋아하는 개인, 학습을 많이 하는 회사는 변화 수용도가 높다. 휴넷에서 매주 실시하는 아침 특강의 제목을 굳이 '혁신 아카데미'라고 칭한 것도 끊임없는 학습이 변화를 이끈다는 생각에서 비롯된 것이다.

**언러닝, 과거의 지식에서 벗어나라**

요즘처럼 모든 것이 급변하는 세상을 살아가는 우리들에게 러닝

learning 못지않게 중요한 것이 바로 언러닝unlearning이다. 사람들은 일반적으로 과거의 성공 경험이 미래에도 적용될 것이라고 믿는다. 그러나 과거에 내가 알고 있던 성공 방정식은 이제 환경이 변화했기 때문에 결코 미래의 성공을 보장해주지 못한다. 오히려 미래 실패 가능성을 높인다. 과거에 크게 성공한 사람과 조직, 리더일수록 과거의 성공에 매몰되어 미래 변화에 저항하게 되는 사례를 많이 보아왔다. 과거의 지식과 경험, 성공 체험에서 벗어날 수 있도록 체계적으로 언러닝할 수 있게 만드는 것은 그래서 매우 중요하다. 과거의 지식에서 벗어나는 길 역시 끝없이 새로운 것을 학습하는 데서 찾을 수밖에 없다.

### 철 지난 것은 버려라: 전략적 폐기의 정례화

전략적 폐기를 정례화하는 것도 중요하다. 전략적 폐기란 의도적으로 기존의 상품, 사업, 제도를 평가해서 불필요한 것은 전략적으로 폐기를 하라는 개념이다. 피터 드러커 교수는 모든 기업은 3년에 한 번씩 회사의 모든 것을 원점에서 재평가하여 앞으로도 여전히 필요하다고 생각되는 것만 제외하고 나머지는 모두 폐기하라고 주장했다. 3년 전에는 반드시 필요하다고 생각했으나 3년이 지난 지금 보면 이미 구식이 된 것들이 분명 많이 있을 텐데, 이처럼 의도적으로 전략적 폐기를 하지 않고 넘어가면 쓰레기들이 계속 쌓여서 결국 조직의 효과성과 효율성은 급격히 떨어지게 된다.

휴넷에서는 매년 한 달간을 '전략적 폐기의 달'로 정해서 전사적으로, 그리고 각 사업부와 팀별로 전략적 폐기를 실시한다. 그때는 전사 아이디어 제안용 앱인 상상파크를 통해 이벤트를 실시하고 해당 월에는 전략적 폐기에 관한 팀간 경진대회를 개최하여 시상한다.

이처럼 다양한 방법을 통해 변화와 혁신이 살아 숨 쉬는 조직을 만들어오고 있기 때문에 휴넷에서는 제안에서 실행까지 변화와 혁신의 속도가 매우 빠르다. 신입으로 입사해서 3개월쯤 지난 사원들과 대화를 나누다보면 1년 이상 생활한 것 같다고 말하는 경우가 많다. 1년여 육아휴직을 마치고 나온 직원들은 1년 사이에 너무 많이 회사가 변화해서 적응하기가 힘들다고 입을 모은다.

세상이 급격하게 변화하는데 세상의 속도보다 회사의 변화 속도가 느리면 그 조직의 생존은 이미 위협단계에 와 있다고 생각한다. 외부의 압력에 의해서 어쩔 수 없이 변화에 끌려가는 것이 아니라 자발적이고 주도적으로 신나게 변화해서 외부의 변화 속도에 맞추거나 그보다 반 발짝 빠르게 변화하는 조직을 만들어야 한다.

### 신나는 혁신 배틀, 변화를 즐기는 문화 만들기

변화와 혁신을 즐기는 문화를 휴넷의 DNA처럼 만들기 위해 도입한 제도가 '신나는 혁신 배틀'이다. 일부러 '신나는'이라는 수식어를 붙임으로써 직원들에게 변화와 혁신은 어쩔 수 없이 소극적으로 끌려가는 것이 아니라 즐겁고 신나는 것이라는 것을 각인시키는, 심하게 표현하면 일종의 세뇌 효과를 노렸다. 매달 한 번씩 혁신 배틀을 하고 그 결과를 수시로 살펴보면서, 수시로 '신나는 혁신'이라는 단어를 말하고 보다 보면 어느 순간 휴넷의 모든 직원은 '혁신은 힘들고 어려운 것이 아니라 신나고 즐거운 것'이라는 생각을 자기도 모르게 하게 될 것이라 믿는다.

　매달 첫째 주 월요일 아침 8시부터 두 시간 동안 각 팀이 지난 한 달에 실행한 혁신의 결과를 발표하고, 팀장, 본부장과 직원들이 평가해서 매달 그 결과를 시상한다. 그리고 1년 누적으로 최고의 성적을 거둔 팀에게는 연말에 3박 4일간 휴가와 더불어 여행을 할 수 있도록 포상한다. 작년에 1위를 한 팀은 3박 4일간 제주도 여행을 다녀왔다. 당연히 회사에서 경비를 부담한다. 올해 1위를 하는 팀은 베트남, 라오스, 캄보디아 중 한 곳을 골라 여행할 수 있도록 했다. 재미있고 신나게 경진대회를 하기 위해 더블 찬스 제도도 도입했고 특정 월에는 누적 점수가 가장 낮은 팀들에게는 세 배, 중간 점수대의 팀들에게는 두 배의 점수를 더 줘서 역전의 기회를 주기도 한다. 누가 1위를 하게 될지 모르는 아슬아슬한 상황이 연출되어야 포기하는 팀 없이 연말까지 긴장을 유지하고 신나게 도전할 수 있기 때문이다.

　올해는 팀장 혼자 발표하는 것이 아니라 팀원들이 돌아가면서 발표를 하게 했다. 혁신이 팀장 혼자만의 일이 아니라 모두의 일이 되게 하기 위함이고, 신입사원이라 하더라도 사장과 본부장, 팀장들이 있는 곳에서 발표를 해보게 함으로써 스스로 더 성장할 수 있는 기회를 제공하기 위함이다.

이렇게 '신나는 혁신 배틀'이 수년이 지나게 되면 휴넷의 모든 직원들은 변화와 혁신을 피하고 두려워하는 것이 아니라 신나고 즐겁게 변화에 도전하게 될 것이다. 변화와 혁신을 즐기는 문화가 휴넷을 상징하는 DNA가 될 것이라 확신한다.

## 실패 장려, 도전을 즐기는 문화 만들기

조직이 커지고 관료화되면 대부분 과감하게 도전하지 않고 현실에 안주하는 문화가 자리 잡게 된다. 특히 한국 기업에서는 실패에 대해 매우 엄격하기 때문에 실패가 두려워서 도전하지 않고 현실에 안주하는 경향이 더욱 심하다. 유독 우리나라 기업들이 실패에 엄격하다.

세상이 급격히 변화하는 요즘에 과거처럼 완벽한 기획을 통해 실수 하나 없이 일을 진행하는 것은 사실상 불가능에 가깝다. 오히려 완벽을 기하다가 기회를 놓쳐 버리는 경우가 점점 많아지고 있다. 실패를 엄격하게 따지면 실수나 실패를 드러내놓지 않고 숨기게 되어 장차 조직에 큰 해를 입힐 수 있는 잠재적 폭탄이 되기도 한다.

요즘 실리콘밸리에서는 "빨리, 작게 실패하라"가 하나의 캐치프레이즈가 되어 있다. 빨리 과감하게 도전해서 실패를 하고 그 실패를 통해 배워서, 또 도전하는 과정을 통해 경쟁에서 앞서갈 수 있다고 믿는 것이다. 실리콘밸리에서는 실패를 많이 하지 않은 것이 도전하지 않고 위험을 떠안지 않는다는 것과 동의어가 되었다.

실패에 대한 질책이 두려우면 한 발짝도 나갈 수가 없다. 실패가 적은 회사는 그만큼 혁신하지 않고 있다는 것과 동일한 의미다. 과감한 도전만이 미래의 성공을 담보할 수 있다. 특히 '패스트 팔로어 fast follower'가 아닌 '퍼스트 무버 first mover'가 되려고 할 때는 실패를 장려하는 문화가 필수라 할 수 있다. 실패해도 괜찮다는 심리적 안전감이 있어야만 직원들은 과감하게 도전하게 된다.

나는 공식적으로 실패는 회피가 아니라 장려의 대상이라고 강조한다. 휴넷에서는 시말서란 제도를 폐지하고, 대신 '실패 학습 보고서'라는 제도를 실시하고 있다. 도전하다 실패해도 혼나거나 쫓겨나지 않는다는 확신이 있어야 한다. 이른바 심리적 안전감이다. 직원들에게 심리적 안전감을 제공하여 과감하게 도전하게 하고, 실수로부터 배우는 것을 시스템화하기 위한 조치다.

수주 경쟁에서 실패하거나 사업에서 실패한 경우 '실패 축하 파티'를 열어준다. 화환과 케이크를 가지고 파티를 진행한다. 한 번의 실수나 실패에 주눅 들지 말라는 공식적 격려의 의미다. 물론 당연히 실패에서 배우는 점을 발표하게 해 조직이 학습할 수 있도록 한다.

실패가 두려워 도전하지 못하는 것도 문제지만, 같은 실패를 반복하는 것도 결코 있어서는 안 된다. 실패 장려 문화를 공고히 하기 위해 전사 워크숍에서 각 사업부별로 '실수해도 괜찮아! 실패는 좋은 거야!'라는 타이틀의 72초 영상물을 만들어 경진대회를 개최하기도 했다.

4장
# 자리이타, 남을 먼저 이롭게 하라

# 1
# 원칙에 맞는 사업만 한다

사업가들은 기본적으로 신사업을 벌이는 것을 좋아한다. 나도 마찬가지다. 성공한 사업도 있고 실패한 사업도 있다. 성공과 실패보다 더 중요한 것은 사업의 원칙과 방향이다.

그동안 휴넷이 펼쳐온 사업들은 몇 가지 명확한 원칙과 방향에 맞춰 진행되었다. 당연히 현재 가지고 있는 원칙과 방향이 영원할 수는 없다. 그러나 한 가지 확실한 것은 돈이 된다고 무분별하게 아무 사업이나 하지는 않을 것이고 신사업 추진 당시의 원칙과 방향에 맞는 사업만 할 것이라는 점이다.

**휴넷의 세 가지 사업 원칙**

휴넷 사업의 첫 번째 원칙은 행복경영 이념인 자리이타에 기초를 두고 있다. 휴넷은 항상 돈보다는 가치를 우선 고려해서 사업을 시작했다. 교육업이라는 사명, 즉 사람을 바꾸고 세상을 바꾼다는 교육업의 사명을 항상 잊지 않고 사업을 펼쳤다. 돈을 벌기 위해서가 아니라 먼저 고객의 학습과 성장을 돕기 위해 사업을 하고, 그 결과 고객이 휴넷 콘텐츠에 만족하고 감동을 받게 되면 자연스럽게 휴넷에도 이익이 되는 방식이다.

당연히 정도, 윤리, 고객만족 등 휴넷웨이에 부합되는 방식으로 사업을 추진해야 한다. 또한 정도 영업을 해야 하고 매출을 올리기 위해 고객에게 피해를 입힌다거나 밀어내기 방식으로 매출을 극대화하는 방식이 되어서는 안 된다.

두 번째는 퍼스트 무버로서 남들이 하지 않는 방식, 남과 다른 방식으로 역할을 하는 것이었다. 최초의 학위 없는 MBA 사업인 휴넷 MBA Online, 행복한 인문학당, 행복한 아버지학교는 물론이고 최초의 비정형 학습인 상상마루 서비스 등이 모두 남들이 하지 않은 것을 최초로 시도한 것들이었다.

물론 주니어 성공스쿨, 〈리더피아〉 잡지 사업을 포함해 너무 빨리 시대를 앞서가거나 자원 배분의 실패로 해서 사업을 접은 경우도 있었다. 그러나 뭐가 달라도 남과 다르게 해야 한다는 사업의 원칙을 지키기 위해 노력했고 앞으로도 그렇게 해나갈 것이다.

우리나라 기업들은 남들이 하는 것을 그냥 따라하는 경향이 있다. 돈이 된다면 너도 나도 뛰어들어 같이 공멸하는 경우도 많이 보아왔다. 휴넷은 앞으로도 유행을 따라서 사업을 하지는 않을 것이다. 꼭 필요하다고 생각되는 사업을 골라 남과 다른 방식으로 꾸준하게 발전시켜 나가 해당 분야의 독보적인 사업으로 키우는 전략을 고수할 것이다.

세 번째는 교육과 관련된 사업만 수행한다는 것이다. 사업이 조금 될만하면 무분별하게 확장을 하다 결국 본업까지 위험에 빠지게 되어 도산하는 기업들을 많이 보아왔다. 우리나라 재벌 그룹에 공통적인 복합기업형 사업은 이제 더 이상 지속가능하지 않다. 앞으로는 전 세계를 상대로 특정 전문 업종에서 경쟁을 하는 기업들이 미래를 주도해나갈 것이다. 아모레, SPC, 한샘, 오리온, 한미약품 같은 기업들이 미래형 기업의 모델이 될 것이다.

휴넷은 지금까지도 그랬고 앞으로도 교육과 관련 있는 사업만 수행할 것이다. 교육업에 대한 핵심역량을 바탕으로 전 세계를 향해 끊임없이 확장해, 세계 일등 교육기업으로 성장할 것이다. 언젠가는 주니어부터 시니어까지 평생교육 사업, 그리고 자격, 어학과 같은 필수 시장에도 진출할 것이다. 사이버 대학 진출 계획도 가지고 있다.

이제는 IT 기술이 교육에 접합되는 에듀테크 교육 혁명의 시대가 도래했다. 에듀테크 시대를 맞아 교육 사업의 룰도 크게 바뀔 것으로 생각한다. 특히 교육업의 경계가 사라질 것으로 보고 있다. 에듀테크 교육 혁명의 시대에 맞춰 지속적으로 교육 사업을 발전시켜 나갈 것이다.

이와 같은 원칙과 방향을 고수하면서 꾸준하게 연구·개발하고, 최선을 다해 교육 서비스를 해온 것들이 고객의 마음을 움직여 하나 둘씩 결실을 맺고 있다. 휴넷의 주력 서비스인 기업교육과 학점은행에서 확고하게 1위 자리를 지키고 있다.

### 세상에 없는 것을 만든다: 학위 없는 MBA, 휴넷 MBA Online

2002년 처음으로 이러닝 사업에 뛰어들었다. 이러닝 기업들은 정부지원사업에 맞춰 사업을 하고 있었다. 정부에서 교육비의 90퍼센트를 5만 9,000원 한도로 지원해주니 대부분의 이러닝 단가가 6만 6,000원이었다. 책을 인터넷에 옮겨 놓은 WBT 방식의 콘텐츠가 주를 이루었다. 우리가 판단하기에 WBT 방식은 내용도 부실한 데다가 학습자들이 공부를 제대로 하지 않고 클릭 몇 번으로 넘어가는 경우가 많았다.

제대로 된 이러닝 과정을 만들고 싶었다. 'MBA를 이러닝으로 만들어보면 어떨까' 하는 생각이 들었다. 나는 대학에서 경영학을 전공했지만 학창시절엔 그 중요성을 제대로 알지 못했다. 공부에 별로 흥미도 없었다. 그런데 직장에 가서 보니 달랐다. 경영학 과목에서 배운 것들이 바로 직장생활을 잘하는 데 절대로 필요로 것들이었다. 경영전략, 인사관리, 재무관리, 마케팅, 회계학, 생산관리 등이 바로 현장에서 필요한 과목들이었다.

그때 비로소 직장인이라면 반드시 경영학을 공부해야 한다는 사실을 깨달았다. 경영학을 공부하지 않고 직장생활을 하는 것은 마치 의학을 공부하지 않은 의사, 법률을 공부하지 않은 판사·검사·변호사와 다름없다는 생각을 했다. 그러나 90퍼센트가 넘는 대부분의 직장인은 경영학을 전공하지 않고 바로 기업 현장에 투입되고 있었다. 직장생활을 하다가 해외 MBA를 가는 경우도 있지만, 이는 2~3년의 업무 공백과 기회비용을 포함한 수억 원의 비용 투자, 영어와 GMAT 준비 등으로 인해 불가능에 가까운 일이었다. 국내 대학원은 그나마 좀 사정이 나았지만, 2년 이상 직장을 그만두어야 하고, 수천만 원의 학비를 부담해야 해서 결코 쉬운 일이 아니었다. 이런 사정 때문에 경영학을 모른 채 10~20년 직장생활을 하는 경우가 대부분이었다.

모든 직장인이 경영학을 마스터하게 하고 싶었다. 공대 출신, 인문계 출신들에게 미리 경영학을 가르칠 수 있다면 개인의 발전은 물론 회사와 국가 발전에 큰 도움이 될 거라 확신하게 되었다. 돈을 버는 것은 그 다음이었다.

2002년에, 직장생활을 하면서 7개월 과정, 200만 원의 비용으로 온라인을 통해 경영학을 마스터할 수 있는 비학위 MBA 프로그램, 휴넷 MBA를 만들겠다고 했더니 임원, 직원 할 것 없이 모조리 반대했다. 직장인들이 경영대학원을 가는 이유는 학위를 받기 위해서지 공부를 하기 위한 목적이 아니라는 얘기였다. 그렇다고 포기할 수는 없었다. 임직원들을 설득하기 위해서 휴넷 회원 대상 설문조사를 실시했다. 비학위 휴넷 MBA를 수강할 것인지, 2년 동안 2,000만 원을 들여서 국내 대학원을 갈 것인지를 선택하게 했다. 결과는 반반이었다. 학위가 아닌 실용적 학습을 원하는 직장인이 50퍼센트나 되는데 하지 못할 이유가 없었다. 100퍼센트 동영상으로 해서 7개 과목, 각각 20시간, 총 140시간의 MBA 프로그램을 만들었다. 내용상으로는 국내외 여느 MBA와 비교해도 뒤지지 않을 만큼 최고 품질로 만들었다.

당시는 휴넷 브랜드가 거의 알려지지 않았을 때라 몇 번에 걸쳐 〈매일경제〉를 찾아가 '매경-휴넷 MBA Online'이라는 비학위 MBA 프로그램을 론칭했다. 반응은 상상을 초월했다. 2010년까지 휴넷의 성장은 휴넷 MBA의 성공 덕분이라 해도 과언이 아닐 정도로 회사 발전의 초석이 되었다. 누적 수강 인원만 4만 명이 넘었고 누적 매출은 500억 원을 상회한 것으로 나타나고 있다.

### 인문학 대중화를 선도하다: 행복한 인문학당

2005년경으로 기억한다. '조선왕조 500년'이라는 역사 드라마로 유명한 고<sup>故</sup> 신봉승 선생께서 휴넷 골드 명사 초청 특강에서 강의를 해주셨다. 주제는 '문사철 600'이었다. 모름지기 사람이라 하려면 고전을 중심으로 문학책 300권, 역사책 200권, 철학책 100권은 읽어야 제대로 사람 노릇을 할 수 있다는 것이었다.

당시는 아직 인문학 바람이 불기 전이었다. 나는 나름 독서를 많이 한다고 자부하는 사람이었지만 인문학을 종합적이고 체계적으로 공부하지는 못했다. 특히 고전을 많이 읽어야 한다는 부담은 있었지만 시간을 내지 못하고 있었다. 신봉승 선생께 숙제를 한 묶음 받은 격이었다. 그 일이 있고 난 후 수년 동안 마음을 다잡고 인문학 공부를 여러 번 시도했지만 중간에 그만두곤 했다. 부채의식이 계속 마음속에 남아있었다.

그러던 차에 2008년 이후 우리나라에 인문학 열풍이 불기 시작했다. 서울대를 비롯한 오프라인 인문학 최고 과정들이 속속 개설되었다. 그러나 오프라인 프로그램은 수강료가 많게는 1,500만 원이나 해서 일반 직장인들은 언감생심 수강할 생각조차 할 수 없었다.

나처럼 인문학 공부를 하고 싶어도 하지 못하는 직장인들에게 도움을 주고 싶었다. 그래서 인문학의 필요성부터 다시 공부하기 시작했다. 인문학은 사람에 대한 학문으로, 특히 오랫동안 살아남은 고전들에는 인류에게 주는 통찰과 지혜가 가득 담겨 있었다. 인문학을 통해 사람에 대해 제대로 이해하게 되면 경영과 리더십에 큰 도움이 될 수 있다. 동서양 고전은 상상력의 보고(寶庫)였다. 창의력과 상상력의 시대에 모든 직장인의 창의력과 상상력 배양에 큰 도움이 될 거라는 확신이 들었다. 마케팅과 경영에 있어서 스토리의 중요성이 점차 커지고 있는 현실에서 인문학이야말로 스토리의 보고였다.

시카고 플랜도 내 마음을 움직였다. 1900년대 초반 2~3류 대학에 불과했던 시카고대학교의 로버트 허친스 5대 총장은 모든 재학생이 문사철 100권을 제대로 마스터해야만 졸업할 수 있도록 했다. 강제로라도 인문학 공부를 하게 한 셈인데, 그 결과 오늘날 시카고대학교를 졸업한 노벨상 수상자 수가 하버드대학교 출신 수상자 수와 비슷하게 되었다는 이야기였다.

고민 끝에 '행복한 인문학당'이라는 서비스를 개설하고, 첫 번째 과정으로 '도전! 문사철 100클럽'이라는 서비스를 오픈했다. 신봉승 선생 말씀처럼 600권을 다 마스터하지는 못하더라도 일단 100권이라도 마스터할 수 있게 도와야 하겠다는 생각에서 출발했다.

고은 시인, 김홍신 작가, 이어령 교수를 포함해 국내 최고의 인문학 전문가들을 모셔서 일단 인문학 도서 100권을 선정해달라고 부탁했다. 먼저 총 300권을 고른 다음, 하나씩 줄여나가 최종 100권을 선정했다. 책을 어떻게 공부하느냐 하는 것도 중요하지만 어떤 책을 선정할 것인가 하는 것이 매우 중요하다고 생각했다.

국내에서 100권 각각의 책에 대해서 가장 잘 알고 가장 강의를 잘할 것이라고 생각되는 분들을 모두 모셔왔다. 총 100권의 책 중에서 일부 교수가 두 권의 강의를 하는 경우가 있어서 88명이라는 매머드급 최고수 인문학 교수진을 구성했다. 국내 최고의 인문대학이 만들어진 것과 진배없었다.

그 다음에는 '어떻게 강의를 하게 할 것인가' 하는 주제를 깊이 연구했다. 우리 연구원들과 함께 몇 권의 책을 먼저 읽어보았다. 그 중에 마키아벨리의 《군주론》이 있었다. 불과 180쪽에 불과한 얇은

책이었지만 정치나 리더십을 공부한 사람들에게는 필독서라 할만했다. 그러나 배경지식이 없는 일반인들이 혼자서 읽으면 책의 내용을 제대로 이해하기 어려웠다.

이렇게 강의하면 좋을 것 같았다. 《군주론》에 대해서 가장 잘 아시는 교수님이 매 차시 15분씩 강의를 하게 한다. 마키아벨리는 누구인가? 《군주론》은 어떤 책인가? 《군주론》에 주로 거론되는 로마 시대 황제들은 어떤 사람들이고, 당시의 상황은 어떠했는가? 마키아벨리가 살던 르네상스 시대의 이탈리아 상황은 어땠는가? 《군주론》은 오늘을 살아가는 우리에게 어떤 시사점이 있는가?……

이런 식으로 목차를 세분해서 각각 15분씩 강의를 하게 하는 방식을 택했다. 그 강의만으로도 《군주론》의 핵심을 다 알 수 있고, 필요하다고 생각하면 강의를 듣고 나서 추가적으로 책을 읽어 《군주론》을 마스터할 수 있도록 만들었다. '도전! 문사철 100클럽'을 통해 오늘을 사는 현대인들이 최소의 노력으로 인문학을 마스터할 수 있도록 돕고 싶었다. 당연히 개인뿐만 아니라 회사, 그리고 우리나라에도 도움이 되리라 생각했다.

이렇게 먼저 고객의 가치를 생각하고 만들었더니 결과도 좋았다. '도전! 문사철 100클럽' 론칭을 알리는 메일이 나간 날 하루 만에 100명이 수강 신청을 했다. 외부 광고 없이도 1인당 100만 원, 하루에 1억 원 매출이라는 놀라운 결과가 만들어졌다. 자리이타 사업 원칙을 바탕으로 남과 다른 방식의 퍼스트 무버가 되는 것이 올바른 방향임을 또 한 번 증명해준 기분 좋은 기억으로 남아있다.

이외에도 아버지를 돕고 부모를 돕고 청소년 자녀들을 돕기 위해 만들어진 행복한 아버지학교, 행복한 부모학교, 청소년 성공스쿨 등도 비슷한 맥락에서 만들어졌다. 대한민국 모든 사람들이 리더로 성장하는 데 도움을 주고 싶어서 〈리더피아〉라는 리더십 전문 잡지를 국내 최초로 만들기도 했다. 물론 성공 못지않게 실패도 많이 했다. 그러나 사업에 실패했더라도 올바른 목표를 가지고 올바른 방향으로 추진했기 때문에 후회는 크지 않다.

### 원칙이 확고하면 흔들리지 않는다

이제 휴넷에는 나름대로 성장에 박차를 가할 수 있는 여건이 어느 정도 마련되었다. 지금보다는 더 공격적으로 사업을 확장해나갈 계획이다. M&A도 사업 확장의 주요한 수단이 될 것이다.

그렇지만 우리가 세운 사업의 원칙을 벗어나는 일은 앞으로도 없을 것이다. 자리이타 이념, 뭐가 달라도 남과 다르게 하겠다는 원칙, 오직 교육 관련 사업만 추진한다는 원칙과 방향을 지켜나갈 것이다.

언젠가는 주니어부터 시니어 교육까지 고객의 평생학습과 성공을 지원하는 교육 서비스 체제를 구축할 것이다. 중국을 필두로 글로벌 교육한류 실현의 꿈을 놓지 않을 것이다. 이러닝을 넘어 에듀테크 사업으로 교육 혁명을 추구할 것이다. '교육 콘텐츠를 넘어 교육 솔루션으로, 솔루션을 넘어 플랫폼으로'라는 캐치프레이즈하에 지속적으로 사업 확장을 꾀할 것이다. 세계 일등 교육기업으로 우뚝 서는 그날까지, 수많은 고객의 행복한 성공을 통해 모두가 행복한 세상을 건설하는 그날까지 우리의 도전은 계속될 것이다.

## 2
# 일 년에 네 번 사업계획을 수립한다

**사업계획은 필요 없다?**

혹자는 오늘날처럼 환경이 급격하게 변화하는 세상에서는 중장기 전략은 물론이고 연단위 사업계획도 무용지물이라고 주장한다. 대표적인 경영자가 미래산업 창업자인 정문술 전 회장이다. 정 전 회장은 연단위 사업계획을 수립하지 않고 경영을 했다고 자신의 자서전에서 밝혔다.

일리가 있고 충분히 이해할만하다. 그러나 한편으로는 매우 위험한 발상이라 할 수 있다. 중장기 전략은 회사가 나아가야 할 방향을 설정하는 것이다. 버릴 것은 버리고 선택할 것을 찾아서 집중할 수 있도록 해주는 것도 중요한 기능이다. 제한된 희소한 자원을 배분하는 가이드 역할을 하기도 한다. 한 방향으로 힘과 역량을 결집시켜야만 경쟁에서 승리할 수 있다.

또 하나 간과해서는 안 될 기능이 바로 전략 수립 자체에서 발생하는 학습과 소통의 기능이다. 전략 수립 프로세스를 제대로 밟아가다 보면 평상시에 놓칠 수 있는 것들을 다시 한 번 확인하고 점검하게 해준다. 외부환경 변화의 기회요인과 위협요인을 살펴보게 만들고, 내부의 강약점, 핵심역량, 사업 성공요인, 경쟁자의 강약점들을 한번씩 살펴볼 수 있게 해준다. 경영자와 기획 담당 부서만 하는 것이 아니라 각 현업 부서에서도 체계화된 매뉴얼에 따라 정례적으로 체크할 수 있다. 또한 전사 전략을 공유하는 자리를 통해 전략뿐만 아니라 전략 수립에 필요한 기초적인 지식과 자료, 정보들을 전사 직원들이 공유하고 학습하는 것도 매우 중요하다.

연단위 사업계획은 말할 것도 없다. 문제의 핵심은 중장기 전략과 연단위 사업계획의 단점을 보완하고 장점을 극대로 활용할 수 있도록 하는 방법에 있다. 3년, 5년 단위로 중장기 계획을 수립하는 데서 그친다면, 그것이 환경 변화를 따라가지 못하게 되어 전략으로서의 유용성과 가치가 급격하게 하락하게 되는 경우가 허다하다. 보여주기 위한 전략, 즉 액자 속의 전략으로 전락하게 될 위험이 있는 것이다.

### 수시로 반복되는 계획과 실행: 휴넷 경영관리 프로세스

그렇다면 어떻게 하면 될까? 'HBPS'라고 불리는 휴넷의 경영관리 프로세스를 통해 방법을 찾아보기로 하자.

1-3-10 원칙이라는 것이 있다. 10년 앞을 내다보고 3년 단위의 중장기 전략을 수립하고, 매년 사업계획을 수립하는 프로세스다. 그러나 이것만으로는 부족하다.

휴넷은 매년 중장기 전략을 수립한다. 이를 롤링 플랜rolling plan이라 한다. 3년마다 중장기 전략을 수립하게 되면 1년만 지나도 모든 것이 바뀌어 있기 때문에 전략의 유용성이 크게 떨어진다. 오히려 중장기 전략대로 하면 크게 실패할 가능성이 높아진다. 따라서 매년 중장기 전략을 다시 조율하는 절차를 거친다. 중장기 전략을 한 번 제대로 수립하는 데 들어가는 노력과 시간을 100이라 하면 매년 바뀐 상황을 미세 조정하는 데 드는 시간과 노력은 30 정도면 충분하다. 롤링 플랜 개념을 활용하면, 매년 3개년 단위의 중장기 전략을 수립하더라도 3년에 한 번 수립하는 정도의 노력과 시간 투자면 충분하다. 대신 그 유용성은 현저하게 높아진다.

중장기 전략과 궤를 맞춰서 연단위 사업계획을 수립하게 된다. 그러나 최근에는 워낙 변동성이 심해져서 연단위 사업계획의 유용성도 현저히 떨어지는 것이 사실이다. 따라서 휴넷에서는 분기 단위별로 사업계획을 조율하는 방식을 택한다. 분기별 사업계획 조율 역시 연단위 사업계획 수립에 들어가는 시간과 노력의 20퍼센트 정도면 충분히 가능하다. 대신 그렇게 되면 1년 단위 사업계획 수립에 들어가는 시간과 비용이 줄어들게 된다. 결국 일반 회사에서 1년 단위 계획을 한 번 수립하는 시간이면 분기별 사업계획 조율을 충분히 해낼 수 있다. 똑같은 시간과 노력으로 연간 네 번에 걸쳐 사업계획을 조정하게 됨으로써 환경 변화에 발 빠르게 대처할 수 있는 사업계획으로서의 유용성을 충분히 확보할 수 있다.

위에서 잠깐 언급한 대로 전략의 유용성 중 하나는 학습과 정보 공유에 있다. 전략 수립 따로, 실행 따로 해서는 계획과 실행이 괴리될 수밖에 없다.

**변화에 완벽하게 대처한다: 롤링 플랜 전략**

휴넷의 경영관리 프로세스를 구체적으로 살펴보자.

매년 5월 한 달 동안 사장이 3년 후의 중장기 전략에 대한 큰 그림을 그린다. 5월 말에 그 내용을 문서화해서 전 직원에게 메일로 공유한다. 직원 모두가 전략의 내용을 숙지하고, 또 자신의 생각과 다른 내용이나 새로운 아이디어를 공개 또는 비공개로 제출할 수 있도록 독려한다. 전사 전략 초안을 토대로 해서 각 사업부에서는 중장기 전략 초안을 작성한다.

6월 10일경 전사 사업부 대표, 팀장급을 포함한 리더급 1박 2일 중장기 전략 워크숍을 실시한다. 이 워크숍에서 전사 전략과 일관성 있게 정렬된 각 사업부 전략 초안을 공유하고 토론을 통해 내용을 조율한 뒤, 전략을 정교화하는 작업을 진행한다. 이렇게 가다듬어진 사업부 전략을 가지고 6월 한 달 동안 사업부별 원데이[1 day] 워크숍을 진행한다. 사업부 내 직원들과 사업부 전략을 공유하고 더욱 예리하게 가다듬기 위한 자리다.

매년 7월 첫째 주 전사 해외 워크숍 기간 중 하루를 정해 전 직원이 모여 전사와 각 사업부별 전략을 공유한다. 중장기 전략을 수립하는 기간에 연단위 사업계획 중 하반기 사업계획 조율 작업을 함께 진행한다. 9월 말경 4/4 분기 사업계획을 전사와 사업부별로 조율하고 리더급 원데이 워크숍에서 이를 공유한다. 10월 말까지 한 달 동안 사장과 전략경영실이 주관하여 익년도 전사 사업계획 초안을 작성한다. 여기에는 당연히 당해 여름에 수립한 중장기 전략이 반영된다.

10월 말 전사 직원에게 초안을 공유하고 의견을 수렴하는 절차를 진행한다. 11월 초순 리더급 1박 2일 워크숍을 실시하여 전사와 사업부별 익년도 사업계획을 조율한다. 11월 한 달간 사업부별 원데이 워크숍을 통해 사업부별 익년도 사업계획을 각각 확정하고, 12월 초 전사 원데이 워크숍에서 익년도 전사와 사업부별 사업계획을 공유한다. 매년 이 같은 프로세스를 반복한다.

매우 복잡해 보이지만 정교하게 운영되고 있어 충분한 효과를 거두고 있다. 전략은 수립이 절반, 실행이 절반이다. 매년 롤링 플랜을 통해 환경 변화에 유연하게 대처 가능한 중장기 전략이 수립된다. 수립된 전략을 전 직원이 제대로 공유하게 하여 한 방향으로 힘을 결집하게 한다. 전략 수립에 직원들이 참여할 수 있는 공간을 최대한 크게 열어 놓음으로써 직원 모두가 전략의 주인이 되어 주도적으로 실행하게 하는 효과도 있다. 학습과 공유를 통한 실행 가능성을 높이는 것도 주요한 기능이다. 복잡한 것 이상의 효과를 충분히 보고 있다고 확신한다.

불확실성이 큰 중국 사업의 경우는 이와는 별도로 3개월마다 중장기 전략을 조율하고 있다. 아직 사업 초기인 만큼 그만큼 변동성이 크기 때문이다. 사내의 에듀테크 연구소에는 매년마다 10년 후 교육의 미래를 내다보는 〈미래교육 리포트〉를 작성하게 하는 미션을 부여하고 있다. 2017년엔 〈2027 미래교육 리포트〉, 2020년에는 〈2030 미래교육 리포트〉를 발간하게 하는 것이다. 우리의 사업 영역인 교육이 어떻게 변화할 것인지를 미리 예측하여 사업에 반영하기 위한 노력의 일환이다.

### 2050년을 미리 보다

미래가 어떻게 변화해갈지 모르는 상황, 특히 자신이 영위하고 있는 산업에 대한 미래를 명확히 그리지 못하고 경영을 하는 것은 음주운전을 하는 것과 같다고 생각한다. 내 의지에 의해 미래를 만들어가는 것이 아니라 회사의 운명을 운에 맡기는 것과 같다.

사장은 미래가 뚜렷이 보일 때까지 미래를 읽는 노력을 계속해야 한다. 사실상 불가능에 가까운 일이긴 하지만 회사 사장으로서 내 시선은 2050년에 미리 가 있다. 2050년의 세상, 2050년의 교육,

2050년의 사람들은 어떻게 변화해 있을지를 늘 생각하려고 한다. 미래 트렌드, 과학기술의 변화 등을 놓치지 않으려고 노력한다.

이러한 의식적인 노력이 없이는 지금 아무리 잘나가는 기업이라 하더라도 한 순간에 훅 가는 변을 당할 수 있다. 그것이 현실이다. 경영자의 마지막 책무는 회사를 망하지 않게 하는 것이다. 환경 변화에 유연하게 대처할 수 있는 시스템을 구축한 기업이라야 그나마 조금이라도 더 오래 존속할 가능성이 높아진다.

# 3
## 열광하는 팬을 만들다

**마케팅에 대한 새로운 정의**

'마케팅이란 수익성 있는 고객을 찾아내고 유지하고 키워나가는 과학과 예술이다.'

세계적인 마케팅 대가인 노스웨스턴 대학의 필립 코틀러 교수가 내린 마케팅의 정의다. 놀라운 통찰이다. 세계 최고의 마케팅 구루가 마케팅을 정의하면서 '제품', '상품', '서비스'라는 단어와 '어떻게 팔 것인가?' 하는 문구를 사용하지 않은 것이다. 오직 '고객', '확보와 유지'라는 개념만 들어있다.

나는 이를 이렇게 바꿔서 생각한다.

'사업은 곧 수익성 있는 고객을 찾아내고 유지하고 키워나가는 과학과 예술이다.'

어떤 제품과 서비스를 개발해서 어떻게 잘 팔 것인가가 아니라, 어떻게 하면 우리와 함께 성장할 고객을 확보하고, 그들과 함께 서로 도와가면서 더불어 성장해나갈 것인가 하는 것이 사업의 요체다. 내가 생각하는 기업 경영의 두 번째 규칙(Rule No.2)이 바로 이것이다(참고로 기업경영의 첫 번째 규칙은 '회사를 키워나갈 핵심인재를 확보하는 것'이라고 이미 밝힌 바 있다).

동양고전에서 강조하는 선의후리先義後利와 같은 개념이라 할 수 있다. 즉 먼저 의리와 평판과 신뢰를 쌓아 사람을 얻고 나면 자연스럽게 이익이 따라온다는 의미다.

갈수록 경쟁이 치열해지고 있다. 따라서 고객은 더 많은 선택권을 갖게 된다. 고객이 다른 기업으로 얼마나 쉽게 옮겨갈 수 있는가를 측정하는 것을 전환비용switching cost이라 한다. 경쟁이 치열해지고 그에 따라 기업들의 서비스 수준이 점차 향상되면서 업종을 불문하고 전환비용이 갈수록 낮아지고 있다. 네이버에서 검색하다 결과가 신통치 않으면 아무런 주저함이 없이 바로 구글로 옮겨가는 것이 현실이다. 요즘 고객은 흔들리는 갈대와 같다는 우스갯소리가 있을 정도다.

그러나 충성도가 있는 고객은 다르다. 우리를 사랑하는 충성고객은 경쟁사보다 가격이 높아도, 조건이 좋지 않아도 우리와 계속 관계를 유지한다. 더 나아가서는 주위 사람들에게 우리를 추천해 준다. 충성고객을 확보하고 유지하고 키워나가는 것이 얼마나 중요한

지 잘 알 수 있다. 그러나 대부분의 기업들은 한번 잡은 고객은 이미 손안에 있는 새라고 생각하는 경향이 있다. 기존의 고객에게 더 나은 서비스를 제공해서 충성고객화하는 대신 늘 새로운 고객을 확보하기 위해 혈안이 되어 있다. 필립 코틀러 교수는 신규고객을 확보하기 위해서는 기존 고객을 유지하는 것보다 다섯 배의 비용을 더 들여야 한다고 주장한다.

## 고객매우만족 경영, 고객와우!

그렇다면 고객을 어떻게 충성고객화할 수 있을까? 답은 뻔하다. 고객만족에 있다. 그러나 전문가들은 고객만족만 가지고는 안 된다고 주장한다.

매우 만족한 고객은 그냥 만족한 고객보다 여섯 배 이상의 재방문율을 보인다는 통계가 있다. 따라서 단순한 고객만족을 넘어 고객매우만족, 즉 고객이 놀랄 정도까지 만족도를 끌어올려야 한다.

고객의 충성도를 측정하는 지표로 순고객추천지수[NPS: Net Promoter Score]라는 단순한 지표를 사용하는 선진 기업들이 늘고 있다. NPS는 복잡한 설문 대신, "이 제품(혹은 서비스)을 친구에게 추천하겠습니까?"라는 단 하나의 질문으로 고객만족도를 측정한다. 고객들은 0점부터 10점까지 총 11개 점수 중에서 하나를 선택할 수 있다. 그중 9점과 10점을 선택한 고객의 비율에서 0점부터 6점까지의 점수를 선택한 고객의 비율을 뺀 것이 바로 NPS다.

간단히 예를 들어보자. 특정 교육 과정을 이수한 수강생 열 명에게 "이 교육을 친구에게 추천하겠습니까?"라는 질문을 했을 때, 그중 세 명이 9점을, 두 명이 7점 또는 8점을, 그리고 다섯 명이 6점을 매겼다고 가정해보자. 9점 이상을 준 수강생의 비율은 30퍼센트이고 6점 이하의 점수를 준 수강생의 비율은 50퍼센트이므로 결국 NPS는 -20이 된다.

수년 전 한화증권의 전문경영인과 그룹 회장 간의 알력이 사회적 이슈가 된 적이 있다. 당시 전문경영인이 경영을 얼마나 잘했는지 나타내는 간접 지표로 NPS가 신문지면에 보도된 적이 있었다. 기사에 의하면 전문경영인 취임 당시 해당 증권사의 NPS는 -28.2였다가 6개월 후 -11.6으로 개선되었고, 다음 해 1분기에 -3.6, 2분기에는 +5.5로 개선되었다 한다. 그러나 마지막에 갈등이 노출되면서 다시 -13.5로 악화되었다는 것이다.

국내 기업들의 NPS는 대부분 -15에서 +15 사이에 분포한다. 상당히 낮은 편이다. 세계적인 기업들은 60을 넘는 경우가 많다. 애플, 스타벅스, 할리데이비슨처럼 광팬들이 많은 기업은 NPS가 70을 상회하기도 한다.

휴넷은 오래 전부터 NPS 70을 목표로 하고 있었다. 그러나 수년 전까지 40대 후반에 머물렀다. 국내 기업 중에서는 매우 높은 편이었으나 목표와는 상당한 거리가 있었다. 그러나 행복경영이 점차 자리를 잡아 가면서 상황이 개선되어 드디어 2016년에 64까지 올라간 것으로 조사되었다. 그래서 좀 더 자신을 가지고 목표치를 80으로 높였다. 만약 우리 회사의 NPS가 80을 넘어선다면 세계적으로도 유례를 찾아보기 힘든 수준에 도달하게 된다. 10점 만점에 9점이나 10점을 택한 사람이 열 명 중 최소 여덟 명 이상이라는 의미이기 때문이다.

우리는 그레이트 휴넷의 주요 지표로 GWP 80, NPS 80을 목표로 한다. 그렇게 되면 직원과 고객이 동시에 '와우!' 하는, 세계에서 유일무이한 초일류 기업으로 우뚝 설 수 있다. 물론 지금은 둘 다 60대에 머물고 있지만 언젠가는 80을 넘어서겠다는 목표를 직원들과 함께 다지고 있다. 우리가 꿈꾸는 위대한 휴넷의 모습이다.

### 급여는 고객이 지불한다

고객 와우 컴퍼니를 실현하기 위해서는 고객의 기대 수준을 뛰어넘는 교육 콘텐츠와 매우 친절하고 탁월한 교육 운영서비스가 가장 중요하다. 우리는 이를 위한 최선의 노력을 다하고 있다.

몇 년 전까지 월례조회에서는 새로 들어온 직원을 일부러 지목해 일으켜 세운 다음 '지난달에 받은 급여는 누가 준 겁니까?'라고 공개적으로 질문을 던지곤 했다. 회사가 주었다는 직원이 대부분이고 가끔은 "사장님이 주셨습니다"라고 답하는 경우도 있었다. 그럴 때마다 "급여는 사장이 주는 것도 아니고 회사가 주는 것도 아니며 바로 우리 고객이 주는 것이다"라고 강조해서 말해주곤 했다. 신입

직원뿐만 아니라 우리 직원 모두에게 급여는 고객이 준다는 사실을 확실히 각인시키기 위한 일종의 퍼포먼스였다. 매월 지급하는 월급 명세서에도 이렇게 써 넣었다.

"이 급여는 고객이 지급하는 것입니다. 만약 고객이 우리를 선택하지 않는다면 우리는 소중한 삶의 일터를 잃게 됩니다. 따라서 우리 모두는 고객매우만족 경영을 위해 최선을 다합시다. 휴넷 경영진 일동"

이렇게 함으로써 우리 직원들이 가족 생활비, 자녀 유치원비, 부모님께 드리는 용돈, 그 모든 것이 고객에게서 나온다는 사실, 따라서 본인이 일을 하는 이유도 고객만족에 있고, 본인이 섬겨야 할 대상도 상사나 사장이 아니라 고객임을 기억할 수 있도록 일종의 세뇌를 시키고 있다. 말뿐만 아니라 실제로 고객을 가장 중요하게 섬길 수 있도록 하기 위함이다.

## 행복한 직원이 고객을 감동시킨다

갤럽의 조사에 의하면 고객이 기업을 떠나는 이유는 고객의 사망과 이사, 그리고 우리 상품의 열위를 모두 포함해도 32퍼센트에 불과하고 나머지 68퍼센트는 접점에서 서비스를 담당하는 직원들의 불친절함 때문이라고 한다. 고객매우만족에 있어 고객접점에 있는 현장 직원들의 친절한 서비스가 결정적 요소임을 알 수 있다.

그렇다면 어떻게 직원들의 서비스 수준을 고객이 감동할 수 있는 정도까지 올릴 수 있을까?

무엇보다도 경영진이 먼저 고객에게 친절하게 대하는 솔선수범이 필요하다. 처음부터 친절한 직원을 뽑는 것도 매우 중요하다. 직원들을 대상으로 수시로 친절 교육을 해야 한다. 마지막으로 직원이 행복해야 행복한 직원들이 자발적으로 고객에게 친절한 서비스를 할 수 있으므로 직원 최우선의 원칙 역시 매우 중요하다. 회사는 직원을 행복하게 하고 그렇게 행복한 직원이 고객을 행복하게 하는 행복경영의 선순환이 작동될 수 있도록 해야 한다.

휴넷에서는 콜센터를 인하우스화해서 20여 명의 정규직 직원들이 근무하고 있다. 콜센터 이름도 '고객행복실'로 바꾸고, 고객행복실이 가장 막강한 힘을 가질 수 있도록 조직도도 바꾸었다. 맨 위에 고객이 있고, 그 밑에 현장 서비스 직원, 바로 밑에 팀장 등 중간 관리자, 그리고 사장이 맨 밑에 위치한 역피라미드 조직도를 만들어 곳곳에 비치하고 있다. 고객행복센터가 단순히 고객의 불만을 처리하는 곳이 아니라 고객감동 서비스의 원천이 될 수 있도록 하고 있으며, 고객의 소리를 가장 많이 듣는 곳이니만큼 혁신의 메카 역할을 해달라고 부탁하고 있다. 고객행복실뿐만 아니라 온라인 오프라인 교육 서비스를 담당하고 있는 직원들을 대상으로 친절 교육을 수시로 실시하고 있다. 매월과 연말에 베스트 고객만족 직원을 뽑아 시상하고 있다.

## 고객의 불만은 하늘이 내린 선물이다

고객들의 불평불만을 어떻게 처리하느냐 하는 것도 고객매우 만족의 중요한 변수가 된다. 불만이 있는 고객 중 오직 5퍼센트만이 회사에 불만을 이야기하고, 나머지 95퍼센트의 고객들은 불평불만이 있더라도 그냥 말없이 떠나버린다. 말없이 떠난 고객이 다시 돌아올 확률은 9퍼센트에 불과하다. 그런데 불평불만을 회사에 얘기한 고객은 불만사항이 제대로 처리되지 않더라도 그 두 배인 18퍼센트에 이르는 재방문율을 보이고 있다. 아마도 불만을 제기한 고객이 더 충성고객이었거나, 불평을 말하는 것으로 화가 풀렸을 수도 있을 것이다. 따라서 고객의 불평과 불만을 '하늘이 내린 선물'로 받아들이는 것이 필요하다.

홈페이지 곳곳에 언제든 편안하게 불평을 접수할 수 있는 다양한 장치를 해놓을 필요가 있고, 불평이 접수되면 고객에게 감사함이 전달될 수 있도록 친절하게 대해주어야 한다. 실제로 고객이 불평을 제기했을 때 문제가 즉각 해결되면 재구매율은 56퍼센트로 여섯 배 이상 높아진다고 한다. 고객의 기대를 뛰어넘는 수준으로 친절하게 불평이 처리되면 재구매율은 90퍼센트 내지 100퍼센트까지 치솟게 된다. 고객행복실 직원들은 금액에 상관없이 고객이 환불을 요청하면 관리자나 상사의 결재 없이 바로 환불을 결정하고 즉시 실행할 수 있도록 했다.

수년 전부터는 매년 하반기에 전 부서별로 돌아가면서 고객매우만족 간담회를 개최하고 있다. 사장이 직접 왜 고객매우만족을 해야 하는지 설명하고, 고객만족 지수와 고객설문평가 결과들을 분석해서 공유한다. 그리고 모든 직원들은 간담회 참석 전에 고객매우만족을 위한 아이디어를 최소 한 개 이상씩 준비해서 발표케 한다. 평균적으로 두 개 이상씩의 아이디어를 가지고 온다. 그것을 간담회에 배석한 고객행복위원회 멤버들이 정리·집계해서 당장 실천 가능한 100대 개선 아이디어를 선정한 뒤, 이를 해당 부서와 협력해가면서 개선해나간다. 물론 당연히 고객행복위원회에서 추진 사항을 모니터링하고, 그 결과를 전사 공유한다. 사장인 내가 직접 고객행복실에서 100일 동안 현장 근무를 실시한 것도 고객매우만족 간담회에서 나온 아이디어를 받아들여 실행한 것이었다.

### 휴넷 CEO에게 바란다

휴넷 홈페이지 상단에는 '휴넷 CEO에게 바란다'라는 코너가 있다. 불평불만이 있을 경우 언제든 직접 사장에게 메일을 보낼 수 있도록 하는 장치다. 실제로 매년 수십 건씩 고객의 소리가 올라온다. 물론 사장인 내가 직접 읽고 반드시 직접 답변을 한다. 물론 구체적인 해결은 주로 고객행복실장이 맡아서 한다.

크게 화가 났던 고객이라 하더라도 사장이 직접 메일도 보내고, 고객행복실장이 전화해서 고충을 상세히 들어주고, 문제를 해결해주고 책이나 교육 수강권까지 제공하면 화가 풀리는 것은 물론이고 충성고객으로 전환되는 경우가 대부분이다. 매주 경영진 회의와 월간 리더스 미팅에서는 고객이 남긴 불만의 소리를 공유하게 한다. 가끔은 화난 고객들의 목소리를 녹취해서 리더들이 함께 듣기도 한다. 또한 교육 수료 즉시 만족도 조사와 더불어 개선점을 조사하고 있고, 일 년에 두 번 정례적으로 고객만족도 조사를 하여 개선점을 찾아 서비스 수준을 업그레이드하고 있다.

그러나 아주 가끔은 정말 '진상 고객들'이 있다. 전혀 말이 안 되는 이야기로 우리 직원들을 지속적으로 괴롭히거나, 법적으로나 윤리적으로 도저히 용납할 수 없는 부당한 요구를 하거나, 우리 직원들에게 욕설 등 인간적인 모욕을 주는 경우가 있다. 일단은 고객서비스에 최선을 다하되, 고객행복실장의 판단하에 불량고객이라 판정되면 과감히 회원 탈퇴 처리를 할 수 있도록 했다. 물론 탈퇴 처리를 할 때도 화내지 말고 고객행복실장이 직접 전화해서 차분하게 사유를 설명하도록 하고 있다. 실제로 한 해 한 명 정도 '고객을 해고하는 일'이 발생하고 있다.

### 휴넷 고객행복 서비스헌장

앞에서 이미 밝힌 바대로 우리는 매출보다는 자리이타 행복경영 이념을 포함한 고객의 가치를 우선시한다. 이러한 휴넷의 고객매우만족 경영의 핵심가치를 담은 고객행복 서비스헌장을 만들어서 회사 입구에 크게 써 붙이고, 명함 뒷면에도 이를 프린팅해서 언제 어디

### 휴넷 고객행복 서비스헌장

- 우리는 고객을 사장보다 더 높이 섬기겠습니다.
- 우리는 내부 효율성보다 고객 편의를 우선 고려하겠습니다.
- 우리는 매 순간순간 활짝 웃는 얼굴로 고객을 대하겠습니다.
- 우리는 고객의 불만을 하늘이 내린 선물로 여기겠습니다.

HUNET STORY

서든 직원들이 이를 실천할 수 있도록 하고 있다.

이외에도 다섯 과목 이상 휴넷의 강의를 수강한 고객을 충성고객군인 '휴넷 골드클래스'로 명명하여 이들에게 교육비 할인 등 다양한 우대 서비스를 제공하고 있다. 또한 평생 동안 '골드 명사초청 특강'에 무료로 참석할 수 있는 기회를 제공하고 있다. 존경할만한 사회 저명인사를 초청해 매달 강의를 듣는 골드 명사초청 특강도 벌써 십수 년째 꾸준히 계속 서비스해오고 있다. 참고로 휴넷 골드클래스 회원은 현재 20만 명에 육박한다.

**열광하는 팬! 고객 와우 컴퍼니의 꿈**

이러한 고객매우만족을 위한 다양한 노력들이 오랫동안 쌓이면서 휴넷의 NPS는 이미 64점을 넘어섰고, 그만큼 충성고객들이 계속해서 늘어나고 있다. 전국 각지에서 휴넷 직원들에 대한 칭찬의 소리와 선물들이 답지하고 있다. 휴넷에게는 갑이라 할 수 있는 기업교육 담당자들이 우리 운영서비스 직원들에게 고맙다는 메시지와 함께 많은 선물을 보내오고 있다. 본인이 청와대에서 선물로 받은 술을 가져와 직원들에게 선물하는 고객도 있고, 또 어느 고객은 절대 받을 수 없다고 거절함에도 불구하고 반강제적으로 학점은행 설계 담당 직원에게 고맙다고 하면서 10만 원을 손에 쥐어주고서야 돌아간 경우도 있다.

휴넷에 지원한 한 후보자가 자기소개서에 휴넷을 알게 된 사연을 적은 적이 있다. 그 후보자의 자기소개서를 간략히 옮겨본다.

"수필가이신 할머니께서는 일흔이 넘는 고령의 나이에도 독학사 프로그램을 통해 학사 학위를 취득하셨고 선생님이셨던 외할아버지는 83세의 나이에 지금까지도 하루 일과의 시작을 도서관에서 맞으실 정도로 학문에 끈을 놓지 않으십니다. (중략) 학교 공부를 넘어 인간이라면 누구나 교육의 기회가 어떤 형태로든 주어져야 한다고 생각하는 사람이 되었습니다.

휴넷을 처음으로 알게 된 계기는 할머니의 추천이었습니다. 칠순이 넘은 나이에도 독학사 프로그램을 통해 독학으로 학사 학위를 취득하신 할머니는 그 이후에도 평생교육의 힘을 외치며 주변의 모든 이에게 교육의 중요성을 강조하셨습니다. 할머니는 성적표에 찍힌 A의

영광을 믿기보다는 여러 분야에 대한 배움에의 갈망이 더 중요하다고 굳게 믿으셨으며, 80이 되신 지금에도 경영학 학사를 취득하기 위해 휴넷 평생교육원의 온라인 수강을 듣고 계십니다.

그러던 할머니가 어느 날 가족들이 있는 자리에서 제게 '휴넷'이라는 사이트를 알고 있냐고 물어보셨습니다. 전혀 생소했던 이름이었기에 모른다고 했더니 할머니는 그 자리에서 노트북을 꺼내시며 사이트에 접속하여 사이트 속의 여러 강좌를 보여주시고는 가족들에게 이런 콘텐츠들을 자주 활용할 것을 당부하셨습니다. 그 자리에 있던 많은 친척과 가족은 할머니가 또 교육을 강조하신다고 생각하며 가볍게 넘겼지만 당시 재수를 하던 제게 휴넷이라는 사이트는 어떤 실마리를 주었습니다.

저는 당시 수능이라는 맞지 않은 옷을 입고 있다고 생각하여 많이 힘들어했는데, 평생교육강좌를 제공하던 휴넷을 보고 독학 학위에 대한 생각을 떠올리게 되었습니다. 이후 저는 독학사칼리지에 들어가 2년 만에 국문학 학사 취득에 성공했고, 같은 해 편입에도 성공하게 되었습니다. (중략)

휴넷은 평생교육원뿐 아니라 인문학, 혹은 기업에서 필요한 교육을 제공하는 평생교육의 힘을 실천하는 우수기업입니다. 제가 제 인생 전체를 돌이켜볼 때 저는 늘 '교육'이라는 개념 속에서 성장해왔고 또 저와 같이 교육의 힘을 깨달은 세대가 많아진 지금 평생교육의 힘과 시장력은 점점 더 확대되리라는 확신이 있습니다. 그러한 시기를 맞이하며, 평생교육의 최우수기업인 휴넷의 울타리 속에서 시장의 흐름을 만들어 나가고 싶습니다."

모 중소기업 사장님은 "휴넷 덕분에 우리 직원들이 열심히 공부해서 만족도도 높아지고 회사 실적도 급격히 좋아지고 있습니다. 오래전부터 꼭 드리고 싶었던 말이 있습니다. 휴넷을 만들어주셔서 너무너무 감사합니다. 그리고 사랑하고 존경합니다"라는 메일을 '휴넷 CEO에게 바란다'를 통해 보내오셨다.

또한 아들이 휴넷 MBA를 하고 나서 시카고대 MBA를 하고 있는데 본인도 휴넷 MBA를 수강하고 싶다는 대학 교수님의 편지, 휴넷 MBA를 수강하고 나서 공부의 필요성을 깨달아 박사과정에 진학했다는 감사편지, 행복한 아버지학교를 수강하고 나서 말도 섞지 않던 딸과의 관계가 완벽하게 회복되었다는 감동적인 편지도 있었다.

이런 감사 메일과 편지가 너무 많아서 하나하나 소개하기 힘들 정도로 휴넷에 열광하는 팬들이 점점 더 많아지고 있다.

## 마케팅이 필요 없는 회사

직원들에게 가끔 나의 꿈 이야기를 한다. 그중 하나는 휴넷에 감동한 고객들이 스스로 나서서 휴넷을 홍보해주고 마케팅해주고 영업도 해주는 그런 회사, 즉 별도의 마케팅과 영업 활동이 필요 없는 회사를 만드는 것이다. 그런 점에서 높은 고객만족도, 열광하는 수많은 팬들에도 불구하고 아직은 갈 길이 멀다고 생각한다.

세계 최고 수준인 NPS 80, 감동한 고객들이 휴넷의 영업과 마케팅을 자발적으로 다 해주어서 광고비가 0원인 회사, 마케팅이 필요 없는 수준까지 가려면 아직도 갈 길이 멀다.

# 4
# 중국, 교육한류의 꿈을 펼치다

**10년 노하우를 발판 삼아 중국으로 눈을 돌리다**

2010년 말로 기억된다. '행복한 아버지학교'를 오픈했다는 소식을 '조영탁의 행복한 경영 이야기'에 실어서 회원들에게 보냈다. 그 내용을 보고 중국에서 오랫동안 사업을 하고 있는 분이 메일을 보내셨다. 중국에도 '행복한 아버지학교'를 전파하면 좋겠다는 내용이었다. 본인이 사업상 잘 아는 중국 〈경제일보〉와 다리를 놓아주겠다는 내용도 함께 제안을 해주셨다.

1999년 창업 이래 심심찮게 중국 사업 제안을 받았었다. 그때마다 아직은 준비가 부족하다는 말과 함께 조심스럽게 거부하곤 했다. 한국에서 교육 사업을 10년 정도 하고 나서 축적된 노하우를 바탕으로 해외 진출을 하겠다는 구상을 하고 있었는데 때마침 연락이 온 것이다.

　그전에 여행 삼아 베이징, 상하이, 시안, 장자제, 항저우 등 중국 여러 곳을 다녀온 적이 있었지만 비즈니스로는 처음으로 베이징에 출장을 갔다. 〈경제일보〉의 인터넷사업 담당 자회사인 경제망에 가서 아버지학교를 설명했다. 경제망 담당자는 다 듣고 나서 콘텐츠는 훌륭해 보이는데 중국에서는 한국과 달리 아버지들이 제 역할을 잘해서 가족과 갈등이 크지 않고, 따라서 아버지학교의 사업성이 없을 것 같다는 의견을 주었다. 대신 중국인들도 자녀 교육에 관심이 많으니 주니어 성공스쿨, 주니어 비전스쿨, 청소년 공부법 등은 사업을 함께 해볼 만하다는 이야기를 나누고 귀국했다.

　중국이 인터넷 비즈니스에서 한국을 추월한 지가 한참 되었다. 특히 스마트폰 사용자가 8억 명을 넘어 모바일 비즈니스는 한국을 저만치 앞서가고 있다. 그러나 당시만 하더라도 인터넷 사정이 좋지 않아 북경 시내에 위치한 고층 빌딩, 그것도 중국의 3대 신문사에서 운영하는 경제망 사내에서도 한국 사이트를 연결하려면 매우 오랜 시간이 걸렸고 동영상은 재생 자체가 안 될 정도였다.

### 중국 공부가 먼저다

첫 번째 출장은 그렇게 끝났다. 아무런 준비 없이 중국에 가서 사업의 예비 파트너를 만나고 온 것이다. '아차' 싶었다. 이왕 중국 비즈니스를 하려면 사전에 중국을 제대로 알아야 한다는 생각을 했다.

중국에 대해 심층적인 공부를 하고 또 치밀한 전략을 세운 다음 진입하지 않으면 실패할 가능성이 너무 커 보였다.

마침 대학원 전공이 국제경영전략이라는 사실을 떠올리면서 차분하게 중국 공부를 시작했다. 새로운 공부를 할 때는 항상 그렇듯이 중국 관련 책을 50여 권 사서 읽기 시작했다. 비슷한 시기에 한국경제신문사에서 중국 진출을 위한 실무 과정을 진행하길래 서둘러 등록했다. 6개월에 수백만 원 하는 과정이었다. 강사들이 중국에서 직접 사업을 하는 기업가, 중국 전문 변호사, 회계사, 노무사 등으로 구성되어서 중국 사업에 대한 실질적인 도움이 되는 내용을 많이 배울 수 있었고, 나름 중국 전문가들과 네트워크도 형성하게 되었다.

한편으로 회사 내에 중국 사업 태스크포스를 구성해 중국 사업 전략을 함께 구상했다. 공부를 하다보니 중국에 진출하려고 하는 많은 기업과 실무자들에게 도움이 되는 과정을 개설해야겠다는 생각이 들었다. 중국에 진출하는 한국 기업과 파견 직원들의 시행착오를 줄여줄 수 있도록 온라인으로 차이나 스쿨 과정을 만들기도 했다. 1편은 중국의 정치, 역사, 사회, 문화, 경제 등 중국 전반을 이해할 수 있는 내용으로 구성했고, 2편은 중국 사업 전략, 영업, 마케팅, 회계, 세무, 법률 등 구체적인 비즈니스에 도움이 되는 과정으로 편성했다. 국내에서 각 분야별 최고 중국 전문가들을 섭외해서 강의하게 했다. 물론 나를 포함한 우리 회사의 중국 사업 태스크포스 멤버들 역시 그들로부터 많이 배웠다.

2011년 말에 중국 사업 태스크포스 워크숍을 통해 중국 진출 전략을 매우 꼼꼼하게 수립했다. 당시 중국의 연 경제성장률이 8퍼센트대였는데, 우리 전략보고서에서는 매년 중국 경제성장률이 0.2퍼센트씩 떨어질 거라고 예측했다. 2017년 중국 경제성장률 예측치가 6.5퍼센트이니 거의 정확하게 예측했다고 볼 수 있다.

이처럼 향후 10년 안에 중국에 어떤 일이 일어날 것인지를 미리 예측하고 사업을 시작하면 외부환경 변화에 크게 좌우되지 않고 자신의 페이스대로 사업을 할 수 있다.

중국 경제성장률이 8퍼센트 아래로 내려오고, 다시 7퍼센트 아래로 내려올 때 한국 언론에서 호들갑(?)을 떠는 것을 보면서 전문가의 중요성을 다시금 생각하기도 했다. 경제 규모가 커지고 성장이 오랜 기간 계속될수록 액면 성장률이 낮아진다는 것은 상식적인 일일 수도 있다. 나는 늘 미래를 제대로 보지 않은 채 사업을 하고 관련 의사결정을 하는 것은 음주운전을 하는 것과 같다고 생각한다.

중국 사업 초기부터 '중국을 제대로 알고 사업을 하자', 그리고 '중국 사업은 최소 10년 앞을 내다보고 우보만리, 호시우보로 가야 한다'라는 원칙을 세웠다. 실제로 중국에서 사업을 잘하고 있는 아모레, 이랜드, 오리온 등도 최소 10년에서 15년이 지나 흑자가 나기 시작했다.

중국에서 쌓여가는 적자를 무릅쓰고 장기간 투자를 진행하기 위해선 한국 직원들의 이해와 협조가 절대적으로 필요하다. 투자 규모는 점차 커지는데 결실이 빨리 나오지 않으면 초기의 호기심이 실망으로 바뀌고 보이지 않는 저항으로 바뀔 수 있다. 이는 중국 사업의 실패를 가져오는 잠재적 위협요인이 될 수 있다.

이 문제를 해결하기 위해 고민 끝에 나온 아이디어가 전 직원 중국 워크숍이었다. 2014년에 베이징, 2015년 상하이, 2016년에는 일본 도쿄, 2017년에는 중국 시안으로 전 직원 워크숍을 다녀왔다.

2014년만 하더라도 중국에 대한 일반인의 이해도가 많이 낮았다. 중국이 아직도 한국보다 훨씬 뒤처져 있으리란 생각들을 많이 했던 것이 사실이다. 직원 중엔 중국은 물론이고 해외에 처음 나가본 사람, 비행기를 처음 타본 직원들도 여럿 있었다. 워크숍을 통해 베이징과 상하이를 다녀온 직원들은 중국의 발전상에 크게 놀랐고 중국에 대한 이해도도 크게 높아졌다. 당연히 중국 사업에 대한 강력한 응원 세력으로 바뀌게 되었다. 200명이 넘는 전 직원 해외 워크숍 비용이 꽤 크지만 그만큼 효과는 있었다고 생각한다. 향후 중국을 넘어 베트남 등 동남아 진출을 하게 될 경우 해당 국가로도 워크숍을 갈 계획을 가지고 있다.

지금도 아쉬운 것이 한 가지 있다. 중국 진출을 위해서 구체적인 업무 협의는 통역이나 우리 중국 직원들을 통해서 하더라도 기초 생활 중국어는 어느 정도 할 수 있어야 하겠다는 생각에 때로는 직원들과 함께 때로는 중국어 강사와 1대 1로 중국어 공부를 3년 이상 했는데도 아직도 중국어를 거의 하지 못한다는 사실이다. 언젠가는 최소한의 생활 중국어 정도는 할 수 있는 날이 올 거라 기대 섞인 전망을 해본다.

### 우물 안 개구리, 크고 작은 수많은 시행착오들

중국은 일반인의 상상을 뛰어넘을 정도로 거대한 나라다. 우리나라 국토의 100배 정도의 땅, 우리나라의 30배에 달하는 인구, 우리의 10배에 가까운 경제 규모, 무엇보다도 지역별 차이가 커서 사실상 30개 정도의 나라가 모여 있다 해도 과언이 아니다. 중국에서 여러 해 근무했다고 해서, 또 중국을 어느 정도 공부했다고 해서 중국 전문가라고 생각했다간 큰 코 다치기 십상이다.

그만큼 크고 다양하고, 한국적 상식으로 이해하지 못할 일들이 많기에 기존의 한국적 경험과 사고로 중국에서 사업을 했다가 그야말로 '우물 안 개구리' 신세가 될 가능성이 매우 크다.

지난 7년여 중국 사업을 통해 수많은 경험과 더불어 수많은 시행착오를 겪었다. 나름대로 사전에 충실히 공부했다고 생각했으나 현실은 그렇게 녹록지 않았다. 지식 공유 차원에서 몇 가지만 적어보기로 하자.

중국인은 비즈니스 협상을 잘하기로 유명하다. 경제망과 주니어 성공스쿨 등 사업 제휴를 위한 계약조건을 협의하기 위한 협상을 시작했을 때 이야기다.

한국 같으면 조건이 크게 차이가 나지 않으면 통 크게 양보하고 끝내는 경우가 일반적이다. 이 친구들은 달랐다. 오후 1시부터 큰 부분은 다 동의한 상태에서 사소한 몇 가지 이슈를 가지고 협상을 지루하게 끌고 갔다. 특이하게도 중국에선 회의나 협상 중에 따로 쉬는 시간이 없다. 화장실이 급한 사람은 혼자 나갔다 다시 들어오는 식으로 저녁 7시까지 지루하게 협상을 계속했다.

저녁을 먹으러 가자고 해서 저녁 식사 중에 거나하게 술도 여러 순배 돌았다. 당연히 우리 안대로 받아들여지는 줄 알고 취할 정도로 술을 마셨다. 밤 10시쯤 되자 중국 측에서 다시 협상하러 가자는 이야기를 꺼냈다. 어이가 없었다. 자정까지 두 시간 추가 협상을 해서 겨우 마무리했다. 협상 상대방이 지칠 대로 지치고 질리게 해서 얻고자 하는 것을 얻어내는 중국인 특유의 협상법을 실제 경험을 통해서 알게 되었다.

지금은 훌륭한 중국 사업부 대표가 중국 사업을 맡아서 잘해나가고 있다. 그러나 안정적인 중국 책임자를 채용하여 정착시키기까지는 우여곡절이 많았다.

2012년 처음으로 중국 사업 본부장을 채용했다. 상당히 능력이 있고 성실한 사람이었다. 그러나 교육업과 휴넷에 대해 전혀 몰랐기 때문에 한국에서 6개월 동안 집중 트레이닝을 시키고 나서야 중국 사무소 개설과 동시에 중국 현지 근무를 시작했다. 적지 않은 투자를 한 것이다.

중국 사무실을 개소하고 나서 한 달 만에 출장을 갔더니 중국 대표의 얼굴이 매우 어두워보였다. 그러려니 하고 2주 후에 다시 출장을 갔더니 그만두겠다고 이야기를 하는 것이다. 다섯 살 난 딸을 선전에서 베이징으로 데려왔는데 때마침 미세먼지 문제가 불거진 것이다. 미세먼지 때문에 딸이 기관지염에 걸려서 두 달 새에 세 번이나 입원하게 되었고, 그것이 빌미가 되어 아내가 회사를 그만두고 선전으로 다시 내려가자고 강력히 주장한다는 것이었다. 어찌할 도리가 없었다.

한참 시간이 걸려 고생 고생해서 중국 근무를 10년 가까이 한 한국인 직원을 대표로 채용했는데, 알고 보니 중국어가 서툴러서 중국인과 직접 비즈니스 협상을 할 수 없는 정도였다. 그래서 또 한 번 실패를 했다. 한국에서도 고위 임원을 채용하는 것은 쉽지 않지만 해외사업에서는 훨씬 더 어렵다는 것을 경험으로 배울 수밖에 없었다.

이런 일도 있었다. 길고 긴 협상 끝에 북경대와 손잡고 북경대-휴넷 MBA를 하기로 최종 결정되었다. 여러 가지 어려움을 겪으면서 다섯 개 과정을 북경대, 청화대, 인민대, 무한대 등 중국 최고 대학의 최고 교수들과 함께 중국어로 제작을 마쳤다. 200만 원 수강료에 5개월간 강의를 수강하면 북경대 수료증을 주는 조건이었다. 여기까지 오는 데 2년 반이 소요되었다. 기대에 부풀어 있었다. 오픈만 하면 대박이 터질 줄 알았다. 한국에서 학위 없는 MBA를 크게 성공시킨 경험이 있었고, 중국에서 북경대의 파워가 엄청나게 크다는 것을 알고 있었기 때문이다.

그러나 오픈 직전부터 일이 꼬였다. 북경대 본부에서 'MBA'라는 단어를 쓰지 못하게 한다는 것이었다. 어쩔 수 없이 '북경대-휴넷 공상관리 과정'이라는 이름으로 사업을 오픈했다. 공교롭게도 때마침 시진핑 정부가 부패와의 전쟁을 시작했다. 북경대도 여러 가지 최고위 과정에 대한 정밀 감사를 받게 되었다. 우리 사업도 피해갈 수 없었다. 아무 문제가 없음에도 불구하고 감사받는 것 자체만으로도 중국 사람들은 움직일 생각을 안 했다. 머릿속으로 생각했던 것만큼 북경대 브랜드가 파워를 발휘하지 못한다는 사실도 경험을 통해 알게 되었다.

거대한 중국 시장에서 어느 정도 수요를 일으키기 위해서 지출해야 하는 마케팅 비용도 점점 커졌다. 마케팅 비용 1억 원을 쓰면 매출이 2천만 원 정도 나는 구조가 계속되었다. 중국 시장을 이해하고 배우는 데 들어가는 학습비용으로 생각하기에는 투자비가 너무 컸다. 사업을 중단할 수밖에 없었다.

이외에도 크고 작은 시행착오를 많이 겪었다. 마케팅 대행업체를 통해 중국 웨이보와 웨이신 회원 모집을 했다. 아무래도 자체 회원을 확보하고 있어야 장기적 관점에서 B2C 사업을 확대할 토대를 구축할 수 있다는 판단에서였다. '좋아요'를 누르면 애플 노트북을 주는 이벤트를 하자고 해서 그렇게 하기로 했다. 하루 이틀 만에 50만 명의 친구를 확보했다. 놀라운 성과였다. 역시 중국은 대단하다고 생각했다. 그러나 그걸로 끝이었다. 한국도 그렇지만 중국엔 그야말로 체리 피커가 어마어마하다는 사실을 알게 되었다. 돈을 들여가며 중국시장을 조금씩이나마 배우고 있다는 것이 그나마 위안이었다.

고생도 많이 했다. 당일치기로 중국 출장을 다녀오기도 했다. 토요일에 북경대 관계자가 긴급하게 보자는 전갈이 와서, 새벽 5시에 집을 나와 첫 비행기를 타고 베이징에 도착했다. 북경대에서 점심을 같이 하면서 몇 시간 동안 업무 이야기를 나눴다. 오후에 또 다른 업체와 미팅을 하고, 저녁에 우리 사무실에서 중국 직원들과 가볍게 맥주를 마시며 업무 협의를 했다. 마지막 비행기를 타고 서울에 와서 집에 도착하니 일요일 새벽 2시였다. 상하이에 출장을 가서는 통역을 써가며 이틀 동안 여덟 곳의 업체와 미팅을 하는 강행군을 하기도 했다.

### 호시우보(虎視牛步), 우보만리(牛步萬里)

6년 동안 중국 출장만 100회 넘게 다녀왔다. 많을 때는 연 30회가량 다녀올 때도 있었다. 중국 사업부 직원들의 노고, 그리고 한국 직원들의 물심양면의 노력들이 합해져서 6년 만인 2016년에 조금이나마 중국 사업 흑자를 기록했다. 시행착오 끝에 중국 내 B2C 교육 사업은 포기하고 기업교육에만 집중하기로 한 전략이 맞아 떨어지고 있다. B2C 교육 사업은 중국 사정에도 어두울 뿐만 아니라, 거대한 자본이 투자되는 중국 기업들과의 경쟁에서 이길 수 없다는 판단이

들어서 포기하기로 했다.

　기업교육의 경우 일종의 진입장벽이 분명 존재한다. 자본만 가지고 성공할 수 없다. 기업교육에 대한 심층적 이해와 전문지식, 그리고 무엇보다도 교육업에 대한 사명이 뒷받침되어야 한다. 다행스럽게도 아직은 중국 기업교육 시장이 성장기 초반에 있고, 강한 경쟁자도 없는 상황이다. 지금까지는 중국에 진출해 있는 한국 기업들의 현지 채용 인력을 대상으로 한 교육 분야에서 매출이 많이 발생하고 있다.

　이제 더 충실한 준비를 통해 중국 기업들을 본격적으로 공략할 계획을 가지고 있다. 다행히 한국에서의 충분한 경험과 노하우가 있어서 이를 지렛대로 잘 활용한다면 중국 기업교육 시장에서 일등을 할 수 있다고 생각한다. 언젠가는 중국 기업교육 시장이 한국 기업교육 시장보다 최소 열 배는 커질 것이다. 그때 만약 중국 기업교육 시장에서 우리가 일등을 하면 한국 매출보다 중국에서의 매출이 훨씬 클 것이고, 중국과 한국 기업교육 시장에서 일등을 하면 당연히 전 세계 기업교육 분야에서는 우리가 일등을 하는 회사가 될 것이다. 지금도 3개월마다 중국 사업 관련자들이 함께 모여서 중국 사업 전략을 조율해가고 있다. 한국에서 쌓은 노하우를 어떻게 현지에 맞게 적용할 것인가 하는, 글로컬라이제이션에 많은 신경을 쓰고 있다.

　큰 꿈을 안고 힘들지만 호시우보, 우보만리의 자세로 10년, 20년 걸어갈 생각을 하고 있다.

### 중국 사업에서 배운 것들, 나누고 싶은 것들

중국 시장은 어마어마하게 크다. 그러나 큰 만큼 성공하기가 쉽지 않다. 중국에서의 사업이 점차 어려워지고 있다. 중국 정부가 자국 기업들에 유리한 정책을 고수하고 있어서이다. 글로벌 경쟁이 가능한 중국 업체들도 우후죽순 생겨나고 있다. 특히 중국 내수 시장에는 각 분야별로 〈포춘〉 500대 기업들이 다 들어가 치열한 경쟁을 벌이고 있다.

글로벌 대기업들 중 중국 기업들과의 경쟁에서 밀려 철수하는 기업들도 하나둘씩 늘어나고 있다. 1992년 중국과 국교 정상화 이후 20년이 되는 2012년까지 중국은 전 세계를 상대로 한 제조기지로서의 역할을 다했다. 그만큼 수월하게 중국에서 사업을 할 수 있었다. 그러나 이제는 내수 시장으로서의 중국을 바라보아야 한다. 내수 시장에서의 경쟁은 훨씬 더 어렵다. 중국과 중국 소비자를 완벽하게 이해해야 하고 중국 기업, 글로벌 거대 기업들과 한판 승부를 해야 하기 때문이다.

지금까지의 경험을 통해 향후 중국 내수 시장을 공략하려는 기업에 도움이 될 수 있는 몇 가지 조언을 정리해보면 다음과 같다.

첫째, 멀리 보고 천천히 가야 한다. 특히 초기 투자 규모는 최소화해야 한다. 아직도 한국 기업들은 한국에서 하던 방식대로 중국 사업을 시작한다. 그렇기 때문에 실패할 가능성이 높다. 예를 들어보자. 휴넷 정도 크기의 교육 회사가 중국에 진출하면 1~2년 사이에 30억 원 정도를 투자한다. 그러고 나서 중국은 시장이 좋지 않다고 철수하는 경우가 일반적이다. 성급하게 투자하고 성급하게 철수한다.

그러나 중국에서는 2~3년 안에는 아무 일도 일어나지 않는다. 온갖 복잡한 법적 규제를 제대로 파악하고 난 후 회사를 설립하고 제휴 하나만 하더라도 2~3년이 훌쩍 지나간다. 그 사이에 수십 명을 채용하고, 도심에 큰 사무실을 얻어 사용하면 자금은 급속히 빠져나가는데 일은 전혀 진척이 안 되는 상황에 직면한다. 우리는 6년 동안 20억 원 정도 투자했다. 그것도 초기 1~2년 동안은 연간 1~2억 원 정도 소규모로 투자하며 기초를 튼튼하게 쌓아갔다.

둘째, 최고경영자의 관심과 투자가 절대적으로 필요하다. 국내 모 재벌 그룹 회장은 중국이 그렇게 중요하다고 외치면서도 겨우 3년에 한 번 꼴로 중국에 출장을 간다는 이야기를 들은 적이 있다. 한국에서도 사업이 성공하려면 최고경영자가 사업의 핵심을 꿰고 있어야 하는데, 멀리 타향 중국은 더 이상 말할 것이 없다. 최고경영자, 즉 오너가 많이 알고, 많이 가보고 자신이 믿을 만한 사람들로 중국 사업 경영진을 채워야 한다.

셋째, 파견 직원을 안정적으로 관리해야 한다. 한국 대기업의 경우 아직도 3~4년 꼴로 주재원을 교체하는 경우가 많다. 어불성설이다. 업무에 지장이 없을 정도의 수준으로 중국어를 구사하려면 최소 5년이 소비된다. 중국을 이해하고 인맥을 쌓는 데도 그 정도는 소요

된다. 그때부터 비로소 파견 직원이 가치 창출을 하는 단계에 들어간다. 4년 만에 들어오게 되면 2년이 지나서부터는 한국에 들어올 자리를 알아보게 된다. 현지인도 그러한 사정을 잘 알기에 말을 잘 듣지 않는 레임덕 현상이 나타난다. 이랜드, 오리온 같은 회사는 현지에 뼈를 묻을 각오를 한 사람들만 내보낸다는 이야기가 있다. 중국 사업의 핵심 성공요인을 잘 알고 그대로 실천하고 있는 흔치 않은 사례다.

넷째, 당연한 이야기지만 중국 시장에 적합한 현지화가 되어야 한다. 상품과 서비스뿐만 아니라 인사관리, 영업, 마케팅 등 모든 것이 현지화되어야만 치열한 중국 시장에서 승부할 수 있다. 결국 최고경영자와 각 분야 전문가 소수만 제외하고는 현지인 중 우수 인재를 확보하고 그들이 주요한 역할을 할 수 있는 회사 시스템을 만들어가야 한다는 의미다. 한국에서의 핵심 강점을 유지하되, 중국 시장에 맞는 글로컬라이제이션은 현지인들이 알아서 잘할 수 있도록 해야 한다.

중국에 갈 때마다 중국이 무서운 속도로 변화하는 모습을 본다. 특히 그들의 기업가 정신이 부러울 때가 많다. 그때마다 더 각성하게 된다. 2010년 말에 중국에 진출한다고 했을 때 역시 많은 사람이 반대했다. 인터넷망이 미흡하고, 저작권 문제가 있고, 중국에 이러닝이 활성화되어 있지 않다는 등 다양한 이유에서였다. 요즘은 이러닝을 포함한 교육업체 사장님들을 만나면 많이들 휴넷의 중국 사업을 부러워한다.

    중국뿐만 아니라, 사업의 전반에 있어 10년 앞을 제대로 나다보고 외풍에 흔들리지 않고 한 발 한 발 꾸준하게 걸어가는, 호시우보의 중요성을 느끼게 된다. 그것이 바로 경영자의 역할이다.

# 5
# 행복경영을 널리 퍼뜨리다

**조영탁의 행복한 경영 이야기 탄생 비화**

2003년 행복경영 모델 구상을 완료하고 나니, 세계 최고 수준의 경영자들과 학자들의 주옥같은 말들을 정리해놓으면 여러 가지로 쓰임새가 있겠다는 생각이 들었다. 금세 A4 용지로 100쪽 정도 정리가 되었다. 조금만 정성을 더하면 남들에게도 공유해서 도움을 줄 수 있겠다는 생각이 들었다. IT 개발팀장에게 이야기해서 홈페이지 하나를 만들어달라고 부탁했다.

그렇게 해서 탄생한 것이 바로 '조영탁의 행복한 경영 이야기'다. 벌써 15년이 다 되어간다. 그간 3,300여 편이 넘는 글을 정리해 메일링을 했다. 현재 210만 명의 독자가 매일 아침 메일을 받아보고 있다. 중국에서도 2만 명에 가까운 독자들이 중국어 버전으로 받아

보고 있다.

"그거 직접 다 쓰세요?"라고 묻는 사람들이 가끔 있다. 지금까지 3,300여 편을 단 한 편도 빼지 않고 직접 다 썼다. 심지어 내 이름이 달린 메일을 보내는 작업을 직원들에게 부탁하자니 미안한 마음이 들어서 초기 5년 이상은 내가 직접 메일을 보내기도 했다.

에피소드도 많다. 어떤 분들은 "어떻게 매일 새벽에 메일을 보내시느냐? 조 사장님 참 부지런하시다"고 말한다. 미리미리 메일을 예약해두는 것을 모르고 하시는 말씀이다.

한번은 광주광역시 상공회의소에서 경영자 조찬 특강을 한 적이 있다. 강의가 끝난 후 한 분이 오셔서 행복한 경영 이야기 때문에 너무나 고맙다고 하시면서 한 가지만 고쳐주면 안되겠느냐고 말씀하셨다. 말씀해보시라고 했더니 굉장히 조심스럽게 '다 좋은데, 촌철살인寸鐵殺人이라는 단어를 매일 아침에 보니 좀 거시기하다'라고 말하는 것이다. 촌철살인의 뜻, 즉 말 한마디로 핵심을 찌른다는 의미를 잘 알고 있지만 그래도 아침마다 '살인'이라는 단어를 보는 것이 께름칙하다는 것이다. 그러면서 '촌철활인寸鐵活人'으로 바꾸면 어떻겠느냐고 제안해서 흔쾌히 동의했다. 바로 올라와서 바꿨다. 말 한마디로 사람을 살리니 얼마나 좋은 일인가?

2004년 한 해 동안 보낸 행복한 경영 이야기를 묶어서 책으로 출간했다. 출간 며칠 전에 메일로 출간 소식을 알리고 선주문을 받았다. 하루 이틀 새에 5천 권이 판매되었다. 부랴부랴 5천 권을 추가

제작했던 일도 있다. 출간 기념 강연회는 세종문화회관 별관에서 진행했고 그때 400여 명의 독자 앞에서 언젠가 행복경영이 성공 모델이 되면 사단법인도 만들고, 행복경영 확산에 앞장서겠다고 약속했다. 2016년에 행복한 경영대학을 개설했고, 2017년에 사단법인 '행복한 경영'을 설립하며 약속을 지키게 되었다. 매우 기쁜 일이다.

책 한 권을 다 읽어도 행복한 경영 이야기로 쓸만한 내용을 하나도 건지지 못한 경우도 허다하다. 이래저래 계산하면 얼추 하나의 행복한 이야기를 정리하는 데 평균 한 시간 정도 소요된다. 지금까지 총 3,300여 시간을 남을 위해서 썼다고 해도 과언이 아니다. 물론 남을 위해 시작한 일이지만 그것이 나를 위해 더 큰 도움이 되었다고 생각한다. 매일매일 메일을 보내야 하는 행복한 경영 이야기 때문에 강제로라도 책을 계속 정리하게 되었고, 주옥같은 글 하나하나를 쓸 때마다 내 마음속에 각인할 수 있었으니 당연히 내가 가장 큰 혜택을 보았다고 하겠다. 대강 훑어본 책까지 매년 300권 정도는 보게 되니, 15년 동안 4,000여 권 이상 읽은 셈이다.

무엇보다도 휴넷 사업에 큰 도움이 되었다. 시작할 땐 전혀 고려치 못했던 일이다. 수백만 명의 사람들이 휴넷과 나를 알게 되었다. 아는 것을 넘어서 휴넷에 고마움을 갖는 사람들이 많아지면서 휴넷 브랜드에 대한 충성도가 크게 높아졌다. 휴넷과 행복한 경영 이야기를 사랑하는 사람들이 점점 많아지면서 경영에 직간접적인 도움도 많이 받게 되었다. 기업교육 경쟁 입찰을 위한 프레젠테이션 현장에 가보면 심사위원 중에 여러 명이 행복한 경영 이야기 애독자인 경우도 종종 있었다. 모르긴 해도 약간은 도움을 받았을 것이라 생각한다.

과거에 휴넷 전략 MBA를 수강하고 있던 수강생에게 수강 동기를 물어본 적이 있다. 그분은 "늘 행복한 경영 이야기 때문에 도움을 받기만 해서 언젠가는 갚아야 한다고 생각하고 있었는데 마침 전략 MBA가 개설되어 수강하게 되었습니다"라고 했다. 수강료가 200만 원인 프로그램을 일종의 보답으로 기꺼이 수강하게 되었다는 것이다. 행복한 경영 이야기가 바로 자리이타의 대표적인 사례가 된 것이다. 즉 남을 먼저 이롭게 하기 위해 노력했는데, 어느 순간 나와 우리 회사에 큰 도움을 받게 된 것이다.

### 한국의 세이와주쿠, 행복한 경영대학을 시작하다

일본을 보면서 늘 부러운 게 있었다. 저명한 경영자들이 후대 경영자 양성에 투자하는 사례가 많다는 점이다. 대표적인 것이 마쓰시타 고노스케의 '세이케이주쿠(정경숙)'와 이나모리 가즈오 교세라 회장의 '세이와주쿠'다.

마쓰시타 고노스케는 1980년대 당시로서는 거액인 사재 100억 엔을 투자하여 일본의 차세대 지도자를 양성하기 위한 마쓰시타 정경숙을 만들어 무료로 교육을 시켜주고 있다. 한때는 일본 국회의원의 3분의 1 이상이 마쓰시타 정경숙 출신이라 할 정도로, 제대르 된 교육 프로그램을 가지고 있는 것으로 유명하다.

이나모리 가즈오 회장은 직접 중소기업 경영자를 양성하는 세이와주쿠를 일본 내에 수십 곳에 세우고, 미국과 중국을 포함하여 전 세계 71개 지부를 둘 정도로 많은 투자를 하고 있다. 본인이 직접 강의도 하고, 현장의 어려움에 관한 중소기업 사장들의 질문에 하나하나 답변해주고 있다. 지금까지 9,000여 명의 경영자가 배출되었고, 손정의 사장도 세이와주쿠 출신이라고 한다.

　그들만큼 훌륭하지는 않지만 그런 프로그램을 만들고 싶다는 생각을 오랫동안 해왔다. 마침 행복경영이 어느 정도 틀을 잡아가고 나름의 성공도 거두게 되면서 자신감을 갖게 되었다. 더군다나 휴넷은 교육 회사니 동원할 수 있는 자원이 많았다. 온라인 교육 과정을 활용하고, 오프라인은 훌륭한 경영자 분들과 교수님들을 강사로 모실 수 있겠다는 생각이 들었다. 일반적인 경영과 리더십이 아니라, 우리가 만들었고 또 실천해오고 있는 행복경영 모델을 전수해 행복경영을 실천하는 기업가를 양성하고, 행복경영을 실현하는 회사들을 많이 만들어 모두를 아우르고 싶었다.

　그렇게 해서 탄생한 것이 '행복한 경영대학'이다. 3개월간 온라인으로 3개 코스를, 오프라인으로 10회 특강을 하는 최고경영자 과정이며 무료로 운영된다. 3년 이상 사업을 하고, 직원이 30명이 넘는 기업의 경영자 30분씩을 한 기수로 해서 운영하고 있다. 1년에 두 기수를 운영해서 매년 60명의 졸업생을 배출하고 있는데, 2017년 현재 120여 명의 행복한 경영자가 배출되었다.

교수로는 손욱 회장, 윤은기 회장, 이금룡 회장, 권대욱 사장 등 최고의 실전 경험을 가진 분들이 무료로 봉사해주고 있다. 물론 나도 경영과 리더십을 직접 강의한다. 수강생 한 분 한 분이 너무 좋아한다. 휴넷에 어떤 식으로든 기부를 하겠다고 야단이다. 이나모리 가즈오의 세이와주쿠 연회비는 연간 100만 원 정도인 것으로 알려졌다.

향후 50년 정도 행복한 경영대학을 운영해서 행복경영을 실천하는 경영자들을 1만 명 정도 배출하고 싶은 꿈이 있다. 수강하신 분들의 회사가 평균 매출액 1천억 원 정도의 회사로 성장한다고 가정하면 총 매출 1천조 원의 행복경영 기업 생태계가 만들어진다. 서로서로 행복경영을 실천하고 사례를 공유하고 서로 비즈니스를 돕는 생태계가 될 것이다.

그러나 1회성 학습만으로 행복경영을 체화하기는 쉽지 않다. 행복한 경영대학 출신 경영자들이 많아지면서 2017년 여름부터 동문들로 구성된 행복경영 포럼을 매달 개최해서 경영과 리더십 학습을 지속하면서, 서로 간에 행복경영 실천 Best Practice를 공유하고 있다. 행복경영 포럼 비용 역시 휴넷이 전액 부담한다. 시간이 흐를수록 행복한 경영대학과 행복경영 포럼을 통해 행복경영을 배우고 실천하는 행복한 경영자가 많아질 것이다. 당연히 소속 직원들이 행복해지고, 이 사회의 행복지수를 높이는 데 기여하게 될 것이라 믿고 있다. 언젠가는 행복경영을 중국, 일본, 동남아에 수출해서 행복경영을 실천하는 세계적 네트워크를 만들 꿈도 가지고 있다.

　　자본주의 사회에서 기업은 막중한 역할을 하고 있다. 그러나 특히 우리나라의 경우 기업가들의 역할과 노고에 비해 그들이 받는 존경과 사랑, 신뢰는 턱없이 낮다. 사회적 인식이 기업에 우호적이지 않은 면도 있고, 기업가들 스스로 존경받을만하게 경영을 하지 못하는 문제도 있다. 행복경영을 실천하는 철학을 가진 경영자, 선한 기업가들은 당연히 직원, 고객 등 사회구성원으로부터 존경과 신뢰를 받을 수 있을 것이다. 행복한 경영대학이 그런 역할을 해나가야 한다고 생각한다.

### 사단법인 행복한 경영 출범

휴넷은 작은 회사임에도 불구하고 다섯 명으로 구성된 '사회행복팀'이라는 조직을 갖고 있다. 홍보와 회사 SNS 등을 주로 담당하지만 그중 중요한 역할이 바로 사회적 공헌 활동이다. 팀 명칭 그대로 사회의 행복을 위해 휴넷이 일정한 역할을 하겠다는 것이다. 이 조직이 행복한 경영 이야기, 행복한 경영대학, 행복경영 포럼, 1% 배움 나눔과 같은 사회공헌 활동을 수행하고 있다. 조그마한 회사에서 다섯 명이면 적지 않은 투자다.

　　기존의 '조영탁의 행복한 경영 이야기', '행복한 경영대학', '행복경영 월례 포럼' 운영을 넘어, 사단법인 '행복한 경영'의 행복경영 인증과 컨설팅 사업을 통해 행복경영을 확산시키는 데 더 공격적인 투자를 할 생각이다. 더 나아가서는 대학생 창업가, 젊은 스타트업 경영자를 위한 행복한 경영대학을 별도로 운영하고 취업 준비생들을 위한 다양한 무료 교육 사업도 확대할 생각이다.

## CSR을 넘어 CSV로

오래전부터 기업의 사회적 책임에 대한 논란이 있었다. 노벨경제학상 수상자 밀턴 프리드먼 교수는 '이윤을 극대화하는 것이 기업의 책임을 다하는 것'이라는 주장을 했다. 1970년대 이후에는 기업이 주주뿐만 아니라 기업을 둘러싼 다양한 이해관계자$^{stakeholders}$에게 도움을 주어야 한다는 개념이 일반화되어 점차 기업의 사회적 책임이 확대되어 가고 있는 추세다.

CSR$^{Corporation\ Social\ Responsibility}$은 이제 기업의 책무일 뿐만 아니라 오히려 기업 경영에 긍정적으로 도움을 준다는 것이 대체적인 평가다.

나는 기업의 사회적 책임에 대해 나름의 견해를 가지고 있다. 하나는 남들처럼 똑같이 불우이웃을 돕고, 재난 재해 구호에 나서고, 연말에 가난한 사람들에게 연탄을 배달해주는 것 같은 일반적인 활동 대신, 자사의 사업에 맞는 전문화된 고유한 사회공헌을 하는 것이 낫다는 것이다. 휴넷 같으면 교육과 관련된 다양한 사회공헌을 하면 되는 것이다. 해당 분야에 전문성을 갖고 있어서 다른 누구보다 더 잘할 수 있고, 사실상 원가 개념으로 투입할 수가 있어서 더 많이 사회공헌을 할 수 있는 여력이 생기기 때문이다.

두 번째는 사회공헌 활동과 사회적 책임 활동을 수행할 때 그것을 적극적으로 알리는 게 좋다는 것이다. 물론 예수님은 선행을 베풀 때 왼손이 하는 일을 오른손이 모르게 하라고 말씀하셨다. 그게 맞는 말이다. 그러나 기업의 경우 사회공헌 활동을 적극 알릴 때 직원들도 더 큰 자부심을 가지게 될 뿐만 아니라, 다른 기업들도 자극과 영감을 받아서 더 많은 기업들이 사회공헌 활동에 동참할 수 있는 계기가 되기 때문이다.

휴넷은 사업 초창기부터 '1% 배움 나눔 활동'을 해왔다. 즉 매출액의 1퍼센트를 교육을 통한 사회공헌에 사용하겠다는 것이다. 매출액이 100억 원이면 1억 원에 해당하는 교육 기부를 하는 것이다.

지금까지 전국 청소년들을 대상으로 한 꿈드림 프로젝트를 통해 비전스쿨을 무료로 수강케 했고, 사랑의 열매에 민간자격증 수억 원어치를 무료로 제공해서 경력 단절 여성들에게 도움을 주는 활동을 했다. 미취업 대학생들에게 MBA 프로그램을 무료로 수강하게 함으로써 취업을 돕기도 했고, 탈북자 100여 명에게도 MBA를 무료 수강하게 했다. 남들이 하는 것처럼 탈북 지원금을 주는 방식으로 돕는 것이 아니라, MBA를 학습케 하여 취업을 돕고 한국에서의 사회생활을 잘 할 수 있도록 지원하기 위한 차원에서 진행했다. 즉 물고기를 주는 것이 아니라 물고기 잡는 법을 가르쳐주는 게 더 좋겠다는 생각에서 진행한 프로그램이었다.

탈북 대학생 MBA 수료식에서 한 학생의 이야기를 듣고 참 좋은 일을 했다는 생각을 하기도 했다. 그 학생은 북한에서 기업가와 기업은 항상 노동자를 착취하는 나쁜 계급, 나쁜 조직으로만 가르쳐서 그렇게 알았는데, MBA를 수강하고 나서 기업이 얼마나 중요한지, 기업가가 얼마나 좋은 일을 하는지 알게 되었다고 감사하다는 말을 했다. 자본주의 사회인 남한에서 잘 적응하게 도와줘서 고맙다는 말과 함께.

1990년대 들어 세계적 전략의 대가인 마이클 포터 교수가 CSV<sup>Creating Shared Value</sup>, 즉 공유가치 창출이라는 개념을 제창했다. 간단히 이야기하면 일반적인 사회적 책임 대신, 사회 공헌도 하고 그것이 장기적으로 회사의 비즈니스에도 도움이 되게 하자는 것이다. '누이 좋고 매부 좋다'는 개념과 유사하다.

간단한 예로 네슬레의 사례를 들어보자. 네슬레는 인도의 시골 지방 농가에서 우유를 수급했다. 착유 시설이 낙후되어 생산성도 떨어지고, 우유의 품질도 떨어지는 경우가 많았다. 또 시골길이 비포장이라 우유를 수급하는 데 시일이 오래 걸리고 신선도 문제가 자주 생겼다. 이 문제를 해결하기 위해 시골에 도로 포장을 해주고 현대적 착유 시설을 설치해주었다. 그리고 낙농 기술을 제대로 가르쳐주는 교육 프로그램을 실시했다. 결과적으로 인도 농부들은 소득이 향상되었고 네슬레에 대한 이미지도 좋아졌다. 네슬레는 네슬레대로 더 좋은 우유를 더 싼 값에 적시에 공급받게 되었다. 대표적 윈윈 사례라 할 수 있다. 이것이 바로 CSV다.

한국에서는 제대로 된 CSV 성공 사례를 찾기 쉽지 않다. 이제 정식으로 사단법인 '행복한 경영'을 설립한 만큼 한국에서 최초로 모범적인 CSV 사례를 만들어서 전파할 생각이다. 행복한 경영대학을 졸업한 경영자들이 자사 직원 교육과 경쟁력 배양을 위해 휴넷의 좋은 프로그램으로 직원 교육을 하는 사례가 늘어나고 있다. CSV의 좋은 모델 케이스라 생각한다. 많은 기업이 자사의 고유한 특성에 맞춰 CSV를 실천하여 기업에도 좋고 사회에도 좋은 일을 많이 만들어갈 수 있도록 적극 전파해나갈 계획이다.

# 6
# 윤리경영을 넘어 모범경영으로

**비싼 수업료를 주고 배운 깨달음**

2015년 12월에 날벼락이 떨어졌다. 1년 동안 개발비만 15억 원을 투자한 학점은행 55과목 모두가 평가인정 불가 판정을 받았다. 학점은행은 인가된 기관에서 교육을 받으면 그것이 국가 학점으로 인정받아 학사학위도 받게 되고, 사회복지사나 보육교사 같은 국가 자격증도 받을 수 있는 제도다. 그만큼 정부의 통제를 엄격하게 받는 사업이다.

사유는 단 한 줄이었다. 기관별로 데이터베이스 서버가 별도로 분리되어 있어야 하는데 그렇지 않다는 것이었다. 명백하게 규정을 어긴 것이었지만 단 한 줄의 규정을 어긴 것으로는 가혹한 처사라고 생각했다. 징조는 1년 전에 이미 있었다. 그 전해에 있었던 기관평가에서 지적받은 사항을 우리가 무시하고 1년 동안 버틴 것이다. 그때도 말로 설득하고 넘어갔으니 다음에도 문제없을 것이라는 안일한 판단에서였다.

문제의 발단은 그 전해에 인수한 세움평생교육원이었다. 기관당 하나의 데이터베이스 서버로 별도 운영해야 된다고 규정에 적시되어 있긴 하지만, IT 담당자들은 우리가 더 성능이 좋은 서버를 가지고 있으며 정보보안도 문제가 없으니 괜찮다고 생각한 것이다. 그렇게 생각했더라도 전년에 평가를 받을 때 지적이 있었으므로 당연히 조치를 해야 했다. 법을 우습게 안 것이나 진배없었다.

결과적으로 2016년 한 해 매출 손실만 55억 원에 달했다. 3년여 계속될 여진까지 포함하면 100억 원 이상의 금전적 손실을 입게 된 것이다. 우리로서는 엄청난 타격이었다. 단 한 줄의 규정을 무시한 것의 대가는 회사를 휘청거리게 할 정도의 금전적, 정신적 타격으로 다가왔다.

곰곰이 생각해보니 문제의 근본 원인은 바로 나에게 있다는 생각이 들었다. 나는 법보다 양심과 도덕을 훨씬 중요하게 생각하는 경향이 있다. 나는 내 스스로의 양심과 도덕관념에 어긋나지 않으면 다른 것은 별로 신경을 안 썼다. 법이 중요한 것이 아니라 양심과 윤리, 도덕이 중요하다고 생각했다. 특히 불필요하게 많은 규정엔 신경질적인 반응을 보이곤 했다. 불법소프트웨어 단속 사건과 모범 컴퍼니라는 핵심가치에서 밝힌 바처럼 나름대로 매우 엄격하게 윤리,

도덕, 양심을 지키는 경영을 해오고 있다고 생각했다.

가끔은 "죽는 날까지 하늘을 우러러 한 점 부끄럼이 없기를, 잎새에 이는 바람에도 나는 괴로워했다"로 시작하는 윤동주의 〈서시〉를 되뇌면서 삶의 지표를 삼으려고 노력한다. 내가 법 없이도 살 수 있을 정도로 잘하면 그만이지, 굳이 법을 신경 써가며 살 필요가 있느냐고 쉽게 생각한 것이다. 개인으로서는 큰 문제가 되지 않을 수도 있다. 그러나 회사의 책임자로서는 문제의 소지가 크다. 그것이 알게 모르게 우리 직원과 휴넷 문화에 스며들어 있었던 것이다.

## 닮고 싶은 경영자

내가 좋아하고 존경하는 경영자 중 이나모리 가즈오 교세라 회장, 변대규 휴맥스 회장, 김효준 BMW코리아 사장의 윤리경영 사례를 따라서 하려고 애쓰는 한편, 우리 임직원들에게도 윤리경영을 지속적으로 강조한다.

변대규 회장은 공과 사의 구별이 철저하다. 회사 경영을 하다보면 직원들과 함께 술을 마실 때가 있다. 소통이나 격려 등 경영상 필요한 경우도 있지만 가끔 외롭거나 힘들 때, 혹은 그냥 술이 한 잔 하고 싶어서 직원 몇 명과 술을 마실 때도 있다. 이 경우 변 회장은 회사를 위해서가 아니라 자신을 위해 술을 마신 것이기 때문에 개인 카드로 비용을 지불한다고 한다.

김효준 사장의 경우도 비슷하다. 그는 언젠가 경영자의 윤리에 대해 생각해볼 수 있는 이야기를 공개한 적이 있다.

"언젠가 BMW 독일 본사에서 한국 지사에 대해 감사를 실시했다. 그런데 놀랍게도 나의 도덕성과 윤리의식에 문제가 있다는 결과가 나왔다. 알고 보니 9,000원짜리 국제면허증 발급 비용을 회사 경비로 처리한 것이 문제였다. 국제면허증은 개인 경비로 처리해야 한다는 것이었다. 나는 독일 출장을 가기 위해, 즉 회사 일 때문에 발생한 것이니만큼 회사 경비로 처리하는 것이 정당하다고 주장했다. 결국은 그룹 회장을 비롯해 본사 수뇌부가 있는 자리에서 치열한 논쟁 끝에 '회사 일도 있지만, 개인적으로도 국제면허증을 사용할 수 있기에' 회사와 내가 각각 4,500원씩 부담하는 것으로 마무리되었다. 글로벌 기업의 윤리경영 수준을 파악할 수 있는 소중한 기회가 되었다."

이나모리 가즈오 회장은 원칙에 충실한 사람이다. 그의 부인은 우리나라 농업 근대화의 아버지이자 씨 없는 수박으로 유명한 고(故) 우장춘 박사의 넷째 딸이다. 어느 날 회사의 운전기사가 이나모리 회장을 모시러 집에 방문했을 때, 마침 부인이 외출할 채비를 갖추고 있었다. 이나모리 회장은 부인에게 "가는 데까지 같이 타고 갑시다" 하고 이야기했는데, 부인은 "공사 구분을 확실하게 해야 한다고 늘 얘기했던 것 기억 안 나세요?"라고 되물으며 단칼에 거절했다. 개인 차량이 아닌 회사 차량이라는 이유에서였다.

이와 같은 이야기를 접할 때마다 나는 윤리적으로 부끄럽지 않은 경영자가 되려고 늘 노력한다. 물론 흠잡을 데가 많이 있을 것으로 생각하지만 늘 스스로에게 부끄럽지 않은 경영자가 되자고 다짐하곤 한다.

회사에서 9시가 넘으면 회식을 금지하는 조치를 취했다. 대체적으로 9시가 넘으면 회식의 부작용이 장점을 넘어선다고 판단했기 때문이다. 이를 제대로 지킬 수 있도록 9시가 넘으면 회사 카드를 쓰지 못하도록 강력하게 조치했다. 당연히 내가 보유한 법인카드도 예외가 될 수 없도록 했다.

스마트폰이 처음 나왔을 때 비용이 많이 지출되어 영업사원들의 경우 회사에서 무선 통신비를 지원해주었다. 그러나 이제는 무선전화는 대부분 무제한으로 쓰기 때문에 굳이 무선 통신비를 지원해주지 않아도 된다고 판단해 지원을 끊기로 결정했다. 일부 영업사원들이 불평하자 임원진들이 솔선수범해서 본인들도 지원을 받지 않겠다고 나섰다. 자연스럽게 내 것도 지원이 끊겼다. 중국 출장 때문에 발생하는 적지 않은 로밍 비용도 결국은 개인 부담으로 처리하고 있다. 이런 식으로 작지만 사소한 것이라도 사리사욕을 챙기지 않으려고 노력한다.

18년 경영하는 동안 지인들로부터 단 한 차례도 채용과 인사에 관련한 청탁을 들어준 적이 없다. 우스갯소리로 휴넷에서는 사장 소개로 인터뷰하게 되면 불이익을 받을 것이라는 이야기가 있을 정도다.

휴넷과 직접 관련은 없지만 내가 원리원칙을 강조한 일화를 간단히 소개할까 한다. IMF가 막 시작될 때 동생이 여행사를 시작했다. 당시에는 추석, 설 등 명절에 부산이나 제주행 항공권을 구할 수 있으면 사업에 크게 도움이 될 때였다. 당시 나는 금호그룹 회장 부속실에 차장으로 근무했고, 친한 친구가 아시아나항공 인사팀장이었으며, 직접 발권을 담당하는 이사도 수년간 같이 일한 사람이었다. 그룹 회장 수행비서도 나와 절친이었다. 말 한마디면 비행기 좌석을 구하는 것은 식은 죽 먹기였다. 동생은 자기 나름대로 최선을 다해보고 나서 정 안되면 나에게 부탁을 했다. 난 단칼에 거절했다. '내가 자리를 구해오면 그것 때문에 누군가 한 사람은 피해를 볼 텐데 그렇게 할 순 없다'라는 논리였다. 시골에 계신 어머니가 직접 전화로 사정을 해도 들어주지 않을 정도였다.

많은 사람들이 사업을 하면 접대 술자리가 많고 골프 접대도 많을 것으로 생각한다. 지금까지 18년 동안 단 한 번도 접대 골프를 해본 적이 없다. 접대를 위한 술자리도 가져본 적이 없다. 한국에서도 그렇고 중국에서도 마찬가지다. 우리 영업대표들도 접대 영업을 하지 않는다. 회사에서는 교육 담당자들에게 가끔은 밥도 사고, 맥주 정도는 함께 하라고 말한다. 접대가 아닌 인간적인 친밀함이 필요하기 때문이다. 물론 3차는 할 수 없도록 규정되어 있다. 그러나 우리 영업대표들이 고객에게 밥 사고 맥주 한 잔 사는 경우는 극히 드물다. 오히려 소위 갑의 자리에 있는 고객사 교육 담당자가 밥을 사는 경우가 많다. 접대에 의한 영업이 아닌 고객에게 더 좋은 솔루션과 가치를 제공하는 것이 휴넷의 기본 방침이기 때문이다.

## 악법도 법이다, 정도를 넘어 준법으로

경영자가 윤리적이고 기업문화가 윤리적이면 아무 문제없을 줄 알았다. 그런데 그게 아니었다. 윤리적인 회사에서도 횡령과 도난 사건이 여러 번 발생했다. 사람이 문제가 아니라 시스템이 문제라는 것을 깨달았다. 소위 악법도 법이라고 사소한 법, 정서적으로 옳지 않다고 생각하는 법이라도 반드시 지켜야 한다는 것을 깨달았다.

더군다나 회사가 커갈수록 법을 어겨서 받는 금전적 타격, 평판과 브랜드에 끼치는 악영향은 점점 커질 수밖에 없다는 생각을 하니 아찔했다. 경영자의 마지막 책임은 회사를 망하지 않게 하는 것이다. 그러나 내가 아무리 양심적이고 윤리적이고 정도경영을 하더라도, 법을 무시하거나 사소한 규정을 지키지 않는 것만으로도 회사를 '한 방에 훅 가게' 할 수 있는 리스크에 노출된다는 사실의 심각성을 제대로 깨닫게 된 것이다.

부랴부랴 대책을 강구했다. 컴플라이언스compliance, 준법경영에 눈을 돌리게 된 것이다. 일단 자문 변호사를 선임해서 작은 일이라도 반드시 변호사 자문을 받게 했다. 회계 감사도 받기로 했다. 인재경영실에 컴플라이언스 도입을 지시했다. 인재경영실에서 집중적인 공부를 해서 회사에 준법경영을 도입했다. 수 차례에 걸쳐 컴플라이언스 교육을 실시했고, 드디어 전 직원이 모인 2016년 도쿄 워크숍에서 준법서약식을 갖고 컴플라이언스 경영을 정식 선언했다.

당연히 부당한 법은 개정하기 위한 노력을 해야 하고 부당한 규정을 폐지하기 위해 할 수 있는 노력을 다해야 한다. 그러나 분명 악법도 법이다. 법과 규정이 엄연히 살아있을 때는 반드시 규정을 지킬 수 있도록 해야 한다. 그것도 습관이다. 좋지 않은 습관 하나 때문에 회사를 위험에 빠뜨리게 하는 것은 매우 무책임한 일이다. 이제는 양심, 도덕, 윤리경영도 중요하지만 법을 잘 지키는 것도 정말 중요하다는 사실을 잘 알고 있다. 비싼 수업료를 주고 배운 진리다.

5장
미리 가본 교육의 미래,
경영의 미래

# 1
# 에듀테크 교육 혁명, 휴넷이 만들어가는 교육의 미래

**전 세계 학생 70퍼센트가 디지털 아바타에게서 수업을 듣다.**

인터넷 네트워크에 존재하는 디지털 강사인 아바타에 대한 수요가 150여 개국에서 인간 강사의 수요를 뛰어넘을 것으로 예상된다. 아바타는 사람의 모습을 하고 있지만 클라우드 기반 인공지능 시스템의 프론트엔드로 인터넷에 존재하는 지식에 실시간으로 접근할 수 있다. 아바타는 100개 이상의 언어를 사용하고 전문가 수준의 지식을 활용해 모든 과목을 가르친다. 그리고 아바타는 학습자의 성취도와 목표에 따라 교육 컨텐츠를 조정할 수 있다. 2030년 아바타 강사가 인기를 끌고 있다. ㅡ《퓨처 스마트》(제임스 캔턴 지음, 박수성 외 옮김)

금호그룹에 근무할 때 1994년부터 운 좋게도 그룹 미래기획단이라는 곳에서 18개월 동안 일할 기회를 갖게 되었다. 그룹의 50년 역사를 정리하고 미래 50년을 설계하는 프로젝트였다. 유명 교수님들과 함께 하는 대규모 프로젝트였다. 거기서 미래 시나리오를 쓰는 것이 나의 주 임무였다. 그러다 보니 자연스럽게 미래학을 집중적으로 공부할 기회를 갖게 되었다. 어림잡아 200여 권의 미래학 책을 읽었던 것으로 기억한다. 이때부터 늘 미래를 내다보는 것이 일종의 습관처럼 굳어졌다. 1999년 창업한 이래 나름대로 외부 환경 변화에도 불구하고 꾸준하게 성장한 데는, 미리 미래를 내다보려는 습관이 큰 도움이 되었다. 사실상 미래에 대한 두려움은 없었다.

그런데 2015년이 되자 뭔가 불안했다. 내가 감지하지 못한 새로운 세상이 열리는 것 같았다. 좀 더 긴장해서 미래를 내다보려는 노력을 했다. 나 혼자서는 안 되겠다고 생각해서 팀장, 본부장 등 리더들에게 미래를 보기 위한 노력을 함께 하자고 독려했다. 2016년 설 연휴엔 《퓨처 스마트》라는 미래 서적과 최윤식 교수의 《2030 대담한 도전》이라는 책을 팀장, 본부장 전원에게 사주고 읽고 오라고 했다. 1,300쪽에 이르는 방대한 분량이었다. 그만큼 위협을 강하게 느꼈다는 반증이라 할 수 있겠다.

설날 연휴 중 읽은 《퓨처 스마트》의 '교육의 미래'라는 파트에 위에 정리한 내용이 들어 있었다. 충격을 받았다.

과연 2030년에 저런 일이 벌어질까? 저런 일이 벌어진다면 우리 사업은 어떻게 될 것인가? 우리가 미리 저런 일을 준비해야 하지 않을까 하는 두려움이 엄습해왔다. 바로 연구소장에게 지시를 했다. 우리가 먼저 10년 앞을 내다보고 미래교육 리포트를 발표하자고 했다. 그렇게 해서 3개월 만에 〈2025년 미래교육 리포트〉가 나왔다. 핵심은 에듀테크 교육 혁명이었다. 앞으로도 매년 10년 앞을 내다보는 리포트를 발간하기로 했다.

당시는 우리나라에 아직 알파고가 들어오기 전이었다. '4차 산업혁명'이라는 단어도 없었다. 우연히 우리가 한발 앞서서 에듀테크 교육 혁명을 준비하게 된 것이다. 교육 분야의 4차 산업이 바로 에듀테크 교육 혁명이라 할 수 있다.

미래는 한발만 앞서가더라도 모든 것을 선점할 수 있다. 그런 점에서 우리 휴넷에 행운이 깃들어 있다고 생각한다.

### 교육과 기술이 결합된 에듀테크가 세상을 바꾼다

에듀테크는 말 그대로 교육과 IT 기술이 결합해서 교육의 모든 것을 바꾼다는 것이다. 크게는 교육의 효과성이 몰라보게 개선된다. 교육의 대중성 또한 크게 확대된다. 당연히 기존 교육 시스템의 파괴가 뒤따른다. 교육의 경계가 완전히 무너지게 된다.

몇 가지 사례를 통해 설명해보자. 교육학에는 '어빙 하우스 곡선'이라는 것이 있다. 어제 배운 것을 하루이틀 지나면 80퍼센트 잊어버린다는 소위 망각곡선이다. 망각곡선을 극복하기 위해 복습을 제대로 해야 한다. 그러나 제대로 복습을 하는 사람은 거의 없다. 그만큼 복습을 한다는 것이 힘들기 때문이다.

그런데 IT 기술을 활용하면 이를 쉽게 해낼 수 있다. 수강자가 수강을 끝내면 자동으로 두 시간 후에 핵심 내용을 요약해서 보내준다. 이틀 후에는 관련 문제를 풀어볼 수 있도록 자동으로 또 보내준다. 2주일 후에는 해당 지식을 가지고 회사에서 실제 적용 가능하도록 과제를 내주고, 함께 공부한 동료들과 토론할 수 있게 토론방을 만든 뒤 함께 해결해야 할 관련된 과제를 던져줄 수 있다. 이 모든 것을 기계가 대신하게 해서 자연스럽게 특별한 노력을 하지 않고도 배웠던 지식을 오랫동안 잊어버리지 않고 실무에 전이시킬 수 있도록 도와줄 수 있다.

토익을 준비하는 학생이나 공인중개사 시험을 준비하는 직장인을 가정해보자. 대부분의 시험은 모듈 형식이다. 즉 특정 모듈에서 매번 유사한 문제가 출제되므로 해당 모듈을 완전히 학습하면 시험 공부도 쉽게 하면서 합격 가능성을 크게 높일 수 있다. 좀 더 구체적으로 설명해보자.

먼저 모의고사를 몇 차례에 걸쳐서 풀어보게 한다. 그러면 그 수험생이 어느 모듈에 강하고 어느 모듈에 약한지 파악된다. 잘 아는 분야는 더 이상 공부할 필요가 없다. 그 부분은 예를 들어 파란색으로 표시해준다. 잘 모르는 빨간색 모듈부터 해당 동영상 강의를 찾아서 공부하고 관련 학생들의 코멘트나 서브 노트를 가지고 기초 학습을 한다. 어느 정도 학습이 되었다고 생각하면 해당 분야의 연습 문제를 풀어본다. 열 개의 문제가 자동적으로 출제되게 하여 열 번 연속으로 문제를 맞히면 그 분야는 완전학습이 된 것이다.

이런 식으로 하나씩 마스터하면 어느 순간 전체를 다 마스터하고 합격할 수 있게 된다. 나만의 학습 플래너 기능도 충분히 개발 가능하다. 시험이 한 달 남은 시점에서 예상되는 내 점수, 합격 확률, 그리고 합격률을 높이기 위해서 지금 어떤 부분을 학습해야 하는지, 하루에 몇 시간 공부해야 하는지도 기계가 다 알려줄 수 있다. 실제로 휴넷에서는 이중에 일부를 이미 개발해서 '스마트 패스'라는 솔루션을 통해 공인중개사 시험을 대비할 수 있도록 서비스 중이다. 이 정도는 에듀테크가 할 수 있는 기초 중에 기초라 할 수 있다.

에듀테크의 가장 핵심적인 부분은 개인별 맞춤 학습이 가능해진다는 것이다. 불과 몇 년 후면 누구나 개인용 가정교사 로봇을 하나씩 보유하게 될 것이다. 일본 소프트뱅크에서는 '페퍼'라는 로봇을 19만 8,000엔이라는 싼 가격에 판매하고 있다. 영어나 일본어로 대화가 가능한 수준이다. 몇 년 후면 영어 공부를 개인교사 로봇과 할 수 있을 것이다. 한 달 학원비가 수십만 원 인데, 완벽하게 나의 수준을 파악해서 나를 가르쳐줄 영어교사 로봇이 수십만 원에 판매된다고 생각해보라.

그런데 이 로봇은 영어만 가르치진 않을 것이다. 우리 아들딸의 수학, 과학 가정교사 노릇도 함께할 것이다. 이 로봇은 나의 각 분야별 실력만 파악하고 있는 것이 아니라 나의 학습 습관까지 완전히 꿰뚫게 될 것이다. 어떤 조건에서 학습 효과가 좋은지, 몇 분 정도 집중하면 피곤해하는지 등을 다 파악하고 있어 나에게 가장 좋은 방법으로 공부를 도와줄 수 있을 것이다. 그런 세상이 왔을 때 영어 교육 시장은 어떻게 바뀔 것인가? 지금의 학원과 온라인 영어 서비스가 살아남을 수 있을까? 진지하게 고민하고 미리 대책을 마련해 놓아야 할 것이다.

### 로봇이 강의하는 인공지능 MBA 만들기

휴넷은 2020년까지 인공지능 MBA를 개발할 계획을 가지고 있다. 아마도 한국어뿐만 아니라 영어, 중국어로도 경영학을 가르쳐줄 수 있을 것이다. 지금 경영대학원에서처럼 인사관리, 재무관리, 전략 등의 순서대로 강의를 하지 않을 수 있다. 몇 가지 테스트를 통해 모르는 분야, 그리고 가장 필요로 하는 분야를 먼저 가르쳐줄 수 있을 것이다. 만약 이런 서비스가 성공하면, 전 세계에 있는 경영대학, MBA는 어떻게 될까? 교수님들은 어떤 일을 하고 있을까?

기업교육에도 이런 서비스가 도입될 것이다 기계가 해당 직원에 대한 빅데이터를 자동으로 분석한다. 컴퓨터로 어떤 일을 하는지, 어느 수준의 일을 하는지, 어떤 것을 주로 검색하는지, 어떤 분야의 유튜브를 주로 검색해서 시청하는지 등에 따라 자동적으로 관련 교육 콘텐츠를 맞춤형으로 추천해주고 연결시켜줄 것이다.

올해 다녀온 교육 관련 컨퍼런스인 ATD에서는 '예측 학습'이라는 개념이 발표되었다. 사례를 들어보자. 기계가 A라는 직원의 행동들을 면밀히 살핀 결과 90일 후에 사내 폭력 사건에 휘말릴 가능성이 80퍼센트 정도 된다는 예측을 하게 된다. 즉시 상사에게 '1) 사내 관련 규정을 알려준다' '2) 관련 온라인 교육을 수강케 한다' '3) 직접 상사가 코칭하게 한다'와 같은 세 가지 옵션을 주고 상사가 골라서 실행하게 한다. 충분히 가능성이 있는 시나리오다.

전 세계에 무크 열풍이 불고 있다. 하버드대학교, 스탠퍼드대학교, MIT 등 전 세계에서 가장 뛰어난 교수들의 강의를 무료로 온라인상에서 학습할 수 있다. 수료증이 필요하면 10만 원 이하의 적은 비용으로 해당 과목 수료증을 얻을 수 있다. 이를 나노 디그리[nano degree]라고 한다.

구글에서는 대학 졸업장이 없더라도 구글이 지목하는 특정 교수의 특정 과목을 수료한 증서만 있으면 채용을 하고 있다. 세계 최고 기업이 이미 대학 졸업장을 보지 않고 채용을 시작했는데 굳이 대학 졸업장을 따기 위해 수년간 엄청난 비용을 들여서 대학을 갈 필요가 있을까? 지금은 흔쾌히 동의하기 어렵겠지만 수년 후에는 그렇게 될 가능성이 매우 높다. 미래학자들은 10년 후 전 세계 대학의 절반이 문을 닫을 것이라 예측하고 있다. 우리나라도 2018년 예산안에 나노 디그리 관련 예산이 책정되어 있다.

무크는 에듀테크 기술이 적용되어 고등교육의 변화를 가져오는 대표적인 사례다. 과연 앞으로도 대학이 계속 필요할지 곰곰이 생각해보자. 왜 대학은 스무 살부터 스물세 살까지라는 특정 연령대에, 특정한 장소에 모여서, 특정한 과목만, 특정한 교수들에게 그것도 매우 비싼 돈을 들여서 배워야 할까? 스마트폰 하나에 수천 개의 강좌, 그것도 전 세계에서 해당 분야에 가장 뛰어난 교수님들의 강의를 아주 저렴하거나 혹은 무료로, 분야에 관계없이, 장소에 관계없이, 연령대에 관계없이 반복 수강 가능한데, 과연 대학이 이런 경쟁 속에서 살아남을 수 있을까?

누구나 손안에 대학 하나씩을 들고 다니는 세상이 바로 에듀테크가 만드는 세상의 모습이고, 그 중심에 휴넷이 서 있어야 한다고 생각한다.

### 에듀테크 교육 혁명으로 모두가 행복한 세상을 만든다

과거에는 어쩔 수 없이 서로 수준이 다른 사람들을 한군데에 모아놓고 일정한 수준의 강의를 할 수밖에 없었다. 학교 수업도 마찬가지고 대학이나 기업체 강의도 마찬가지다. 수학을 포기하는 학생이 생기는 이유다. 더군다나 일방적인 강의식 수업이야말로 학습 효과가 가장 낮다는 것은 교육학자들이 다 아는 상식인데도 불구하고 다른 방법을 찾을 수 없었다. 그래서 어쩔 수 없이 서로 다른 수준의 학생들을 한곳에 모아놓고, 그중 일부만 알아듣더라도 강의식 수업을 할 수밖에 없었다.

여기에 IT 기술이 결합되면 또 혁명적 변화가 일어난다. 소위 플립러닝<sup>flipped learning</sup>이라는 방식이다. 온라인으로 사전에 미리 내용 학습을 하게 하고 오프라인 수업에서는 강의 대신 학습 효과가 높은 토론, 집단 과제, 발표, 시뮬레이션 등을 하게 하는 것이다. 미리 조를 짜서 온라인으로 사전 과제도 해올 수 있게 하고 수업 후에 팀 프로젝트를 진행할 수도 있다. 공부를 훨씬 더 재밌고 효과적으로 할 수 있는 것이다.

가상현실과 증강현실도 교육으로 활용되면 큰 효과를 거둘 수 있다. 비행기 조종과 같은 위험하면서도 고비용이 들어가는 것을 실제와 같은 가상현실을 활용해서 학습할 수 있다. 위험하여 실제 해보기 어려운 각종 화학 실험이나, 의학 기술 연마도 가상현실로 할 수 있다. 역사 속으로 들어가 이순신 장군과 함께 명량해전을 치를 수도 있고 공자와 대화를 나눌 수도 있다. 그리스 로마 시대로 날아가서 직접 영웅들과 함께 생활할 수도 있다.

게임을 하면서 학습을 하면 학습 몰입도와 학습 효과가 현저히 높아진다는 연구 결과가 많다. 게임 학습을 통해 협상, 리더십, 경영을 학습할 수 있다. 인성 교육도 게임으로 충분히 해낼 수 있다. 게임하듯이 즐기면서 자기도 모르게 해당 지식을 습득할 수 있게 된다면 자녀들에게 공부하라는 잔소리를 할 필요가 없어질 것이다.

이 모든 것이 에듀테크로 가능하다. 공상과학 만화에나 나올 법한 일이 아니다. 이미 휴넷에서 서비스를 하고 있거나 열심히 개발하고 있는 것들이다.

기업 대상의 플립러닝 서비스, 게임러닝 콘텐츠 개발, 가상현실 콘텐츠 개발, 시험을 도와주는 스마트 패스 솔루션은 이미 우리가 개발하여 서비스하고 있는 것들이다. 위에서 간단히 정리한 맞춤형 학습을 위한 플랫폼 개발, 인공지능 MBA 등도 수년 내에 서비스될 것으로 믿고 있다.

사이버 대학을 통해 전 세계를 상대로 에듀테크 기반의 평생학습 서비스를 실시하는 것도 차근차근 준비하고 있다. 물론 우리 독자적으로 모든 것을 할 수는 없을 것이다. 제휴나 M&A를 통해서 함께 만들어갈 것이다.

최근 들어 스타벅스 같은 커피 회사, 골드만삭스 같은 금융 회사들이 속속 자신들을 IT 회사라 말하고 있다. 골드만삭스의 IT 인력은 1만 명에 육박해서 페이스북 전체 직원과 맞먹는 수준이라 한다. 이제 업종을 불문하고, 모든 회사들이 IT 회사가 되어야만 살아남을 수 있는 시대가 되었다. 소위 4차 산업혁명 시대의 주요한 특징이라 할 수 있다.

휴넷도 교육 회사이자 IT 회사가 되어야 한다. 그런 전략에 따라 IT 인력을 대폭 충원하고 있다. 현재 전체 300명 가까이 되는 직원 중에서 80명이 IT 직원으로, 전체 직원의 30퍼센트 수준까지 올라갔다. 아마도 2020년에는 전체 500명의 직원 중 250명, 즉 절반의 직원이 IT 전문가로 채워질 것이다.

## 2

# 플랫폼과 생태계로 승부한다

### 플랫폼 비즈니스가 온다

바야흐로 플랫폼 경제의 시대가 되었다. 한국의 카카오, 페이스북, 구글 등 오늘날 잘나가는 기업들은 대부분 플랫폼 기업들이다. 플랫폼은 잘 아는 것처럼 '주변보다 높은 평평한 장소'라는 어원에서 비롯되었다. 기차역의 승강장을 떠올리면 쉽게 이해가 된다. 사람들이 딛고 타는 발판을 플랫폼이라 불렀다. 교통수단이 마차밖에 없던 시절에 기차가 놓이면서 장거리 여행이 가능하게 되었다. 기차역을 통해서 사람들이 여행을 많이 다니게 되자 역 주변에 다양한 상점 등 편의시설이 생기기 시작했다. 음식점, 편의점, 목욕탕, 술집 등이 생기자 이제는 꼭 여행을 가지 않더라도 생활의 편의를 위해 사람들이 모여들기 시작하면서 역 주변이 생활의 중심지로 발전하게 되었다.

플랫폼 비즈니스도 이와 똑같다. 먼저 수익을 창출하려고 하기 전에 공급자와 수요자들이 한군데 모일 수 있는 장소, 일종의 플랫폼을 먼저 만들어 놓는 것이다. 경우에 따라서는 수요자를 먼저 모을 수도 있고, 공급자들을 먼저 모아놓을 수도 있다. 이런 특성 때문에 플랫폼은 양면 시장이라고 한다.

국민 메신저라 할 수 있는 '카카오톡'을 살펴보면 플랫폼 비즈니스의 의미를 명확히 알 수 있다. 사람들끼리 소식을 전하기 위해 카카오톡을 수천만 명이 다운 받아서 매일매일 쓰고 있다. 먼저 수요자들이 모여들기 시작한 것이다. 수요자들이 매일 모여드는 플랫폼이 만들어진 상태에서 공급자들을 끌어모으면 자연스럽게 거래가 이뤄지게 된다.

대표적인 것이 '애니팡'으로 대변되는 게임이다. 게임 하나를 카카오톡에 론칭하면 금방 수백억 원의 매출을 올리게 되었고, 애니팡뿐만 아니라 수없이 많은 게임 업체들이 카카오톡을 플랫폼 삼아 사업을 벌였다. 카카오톡은 거기서 발생하는 수익의 일정 부분을 공유할 수도 있고, 또 공급자들로부터 광고 수익을 창출할 수도 있다. 게임뿐만이 아니다. 카카오 택시, 웹툰, 미용, 배달 등 다양한 공급자군이 카카오톡 플랫폼을 활용해 비즈니스를 하기 위해 모여들고 있다. 잘 키운 플랫폼 하나가 엄청난 수익을 창출해 주는 것이다.

과거에도 플랫폼 비즈니스는 분명 있었으나, IT 기술이 접합되면서 과거에는 상상할 수 없었던 영역에서 플랫폼 비즈니스가 생겨나고 있다. 배달의 민족, 야놀자 등과 같은 최근 뜨고 있는 비즈니스의 대부분은 플랫폼 비즈니스라 해도 과언이 아니다. '우버 모멘트'라는 신드롬을 일으키고 있는 자동차 서비스 우버는 한 대의 차량도 소유하지 않고 비즈니스를 하고 있다. 전 세계에서 가장 큰 숙박업소라 할 수 있는 에어비엔비는 객실을 하나도 소유하지 않고 있다. 페이스북은 스스로 그 어떤 콘텐츠도 생산하지 않고 있다. 이들 모두 플랫폼 비즈니스의 대표주자라 할 수 있다.

그렇다면 교육 비즈니스는 어떨까? 과연 플랫폼 비즈니스화할 수 있을까? 이 주제를 가지고 2015년부터 깊이 있게 고민했다. 2015년 여름 워크숍에서 앞으로 휴넷도 콘텐츠와 솔루션 비즈니스를 넘어 플랫폼 비즈니스로 전환할 것임을 공개적으로 천명했다. 스스로 모든 교육 과정을 개발하여, 영업·마케팅을 직접 해서 고객을 확보하고, 열심히 운영해서 수익을 창출하는 것이 교육의 1세대 수익모델이다. 교육관리 시스템, 소위 LMS$^{Learning\ Management\ System}$를 개발해서 그 솔루션을 판매한다거나, 에듀테크를 활용해서 시험을 잘 볼 수 있는 솔루션을 개발해서 판매하는 것은 2단계 모델인 솔루션 모델이다. 솔루션 판매 모델의 시장도 매우 크다. 잘 개발할 경우 전 세계를 상대로 비즈니스를 할 수 있기 때문이다. 3세대 교육 사업모델이 플랫폼 비즈니스다. 쉽지는 않겠지만 제대로 성공하는 경우 그 시장의 크기는 막대할 것이다.

2015년 당시만 해도 플랫폼 비즈니스에 대한 이해도가 낮은 수준이었다. 휴넷 혁신 아카데미에 유명 전문가들을 초빙해서 강의를 듣게 함으로써 플랫폼 비즈니스에 대한 직원들의 이해와 관심도를 끌어올렸다. 2015년 상해 워크숍에서는 구체적으로 플랫폼 비즈니스에 대한 중장기 전략을 수립하고 전 직원들에게 공유했다.

    2016년 6월 1일자 조직 개편을 통해 플랫폼 비즈니스 중에 하나인 해피칼리지 사업부를 신설하고 연구원, 마케터, 서비스 기획자, 개발자를 모아 일종의 사내 벤처식으로 사업을 개시했다. 2016년 말 조직 개편에서는 탤런트뱅크 사업부를 신설하여 시니어 전문가 매칭 플랫폼 사업을 준비했다. 앞으로 시작할 모든 신사업은 플랫폼과 에듀테크 두 가지 경우에 한정하기로 결정했다.

    사업 전략 수립, 서비스 기획, 개발까지는 상당히 오랜 시간이 소요된다. 플랫폼 비즈니스 사업을 구상하고 나서 최종적으로 앱을 개발하여 서비스를 본격 오픈하는 데까지 길게 보면 3년이라는 시간이 소요되었다. 실리콘밸리나 중국의 스타트업에 비하면 매우 느린 셈이다. 어찌 보면 휴넷이 이미 관료화되고 있어서 스타트업들에 비해 매우 느린 사업 속도를 보인다고 할 수 있다. 또 다른 측면에서는 나름대로 꼼꼼하게 기획하고, 조직 전체의 이해도를 높여서 사업 성공 가능성을 높였다고 자평한다. 그러나 이제는 사업을 공식 오픈한 만큼 애자일 방식, 린스타트 방식, 스프린트 방식을 통해 스타트업들과 같은 속도로 경쟁을 할 수 있어야 한다. 필요에 따라서는 분사를 통해서 별도의 사업조직화하는 것도 검토하고 있다.

## 1인 대학 플랫폼, 해피칼리지

우리나라에는 수만 명의 산업 강사가 활동하고 있다. 더 많은 사람들이 산업 강사가 되기 위해 나름대로 준비를 하고 있다.

누군가가 필요로 하는 지식을 누군가는 소유하고 있다. 그 지식이 상품화되기 위해서는 시장 수요가 어느 정도는 되어야 한다. 지식의 상품화는 책으로 출간되거나, 강사의 준비에 의해서 강의가 이뤄지는 것이 대표적이다.

지식을 상품화하는 데 드는 비용을 최소화할 수 있다면 지금보다는 훨씬 더 많은 지식이 상품화되고 유통될 것이다. 그래서 그 지식이 더 나은 세상을 위해 유용한 무언가를 창조하게 될 것이다.

짐작컨대, 직장생활을 5년 이상 한 사람이면 누구나 자기만의 노하우를 가지고 있고, 또 이를 남에게 가르치고 싶어 할 것이다. 거기에 부수입까지 생기면 더할 나위 없이 좋을 것이다.

교학상장 教學相長 이라는 사자성어가 있다. 가르치고 배우면서 서로 성장한다는 것이다. 내가 가지고 있는 노하우를 다른 사람에게 가르치면 배우는 사람뿐만 아니라 가르치는 사람 자신도 함께 성장한다는 것이다. 그런 체험은 누구나 해보았을 것이다.

요즘 유행하는 키워드 중에 MCN Multi Channel Networks 이라는 개념이 있다. 유튜브가 그렇고, 아프리카TV가 그렇다. 이제는 기술이 발전되고, 또 젊은 사람들의 경우 스스로 영상을 찍어 올리는 것이 보편화되고 있다.

이런 생각들을 모으고 모아 탄생시킨 개념이 바로, 모두가 교수가 되고 모두가 학생이 되는 1인 대학, 해피칼리지다. 기존의 산업 강사, 유명 강사는 물론이고, 특정 분야에서 나만의 노하우를 가진 사람이 매우 편리하게 교육 과정을 개발하고, 해피칼리지 플랫폼 안에 나만의 대학을 개설하게 도와준다. 저작 툴을 제공하고, 저작 노하우를 알려주는 크리에이터 아카데미를 수시로 개최한다. 이렇게 공급자 시장을 형성한다. 해피칼리지에 정말 배우고 싶은 콘텐츠, 그것도 매우 실용적인 콘텐츠들이 많아지면 자연스럽게 수강하고 싶은 수요자가 몰려오게 될 것이다.

해피칼리지의 장점 중 하나는 본인이 교수도 되고, 학생도 될 수 있다는 것이다. 교수가 되어서 콘텐츠를 만들고 자신만의 대학을 개설한 교수들은 페이스북이나 자신만의 네트워크를 활용하여 스스로 자신의 강좌를 홍보한다. 자신의 대학에서 학생들을 모아서 제자를 양성하게 된다.

수강생들은 그냥 온라인 강좌만 수강하는 것이 아니라, 교수와 멘토-멘티 관계를 형성하게 되고 필요하면 별도의 오프라인 모임도 할 수 있다. 온라인 수강생을 모아 오프라인 강좌를 하는 플립러닝도 지원된다.

유튜브나 아프리카TV에서도 유사한 서비스를 하고 있으나 휴넷은 교육 전문 서비스라는 데에서 여러 가지 차별점을 만들어갈 수 있으리라 생각한다. 아이디어는 아무나 낼 수 있다. 그러나 똑같은 아이디어를 가지고 있더라도 누가 어떻게 실행하느냐에 따라 성공도 하고 실패도 한다. 휴넷은 수천 명의 강사, 수백만 명에 이르는 회원을 가지고 있고, 20년 가까이 축적해온 각각의 교육 관련 노하우와 경험들이 있어서 해피칼리지 플랫폼 사업을 충분히 성공시킬 수 있다고 믿는다.

이 사업이 성공하면 이 세상 모든 사람들이 서로서로 가르치고 가르침을 받는 멋진 세상이 될 것이다. 지식의 생산과 유통이 급팽창하게 되어, 세상의 빠른 발전에도 크게 도움이 될 것이다. 기존의 여느 대학보다 크고 유용한 대학이 될 것이다. 교육을 통해 모두가 행복한 세상을 만드는 또 하나의 기폭제가 될 것이다. 휴넷과 교수자들에게 경제적 이득이 되는 것은 그 다음에 자연스럽게 따라오게 될 것이다. 특히나 매년 정년이 짧아지는 세상에서 은퇴 후에도 지속적으로 경제 활동을 할 수 있는 장을 열어줌으로써 많은 사람들을 행복하게 도와주는 플랫폼이 될 것이다.

**시니어 전문가 매칭 플랫폼, 탤런트뱅크**

1999년 창업 초기부터 시니어 문제에 관심을 가졌다. 특히 IMF 이후 대기업에서 매년 쏟아지는 1,000명이 넘는 전직 임원의 풍부한 경험과 노하우가 그대로 사장된다는 사실이 너무나 안타까웠다. 대기업에서 신입사원으로 입사해 임원이 될 때까지 그 사람을 키우고 업무 경험을 하게 하는 데 드는 비용을 돈으로 환산하면 어마어마한 금액이 될 것이다.

　매년 대기업 임원으로 은퇴하는 사람들에게 드는 사회적 투자가 막대한 만큼 그들의 지식, 경험, 노하우가 사장되지 않고 이 사회를 위해 쓰일 수 있으면 좋겠다는 생각을 했다. 'KOREA Senior Consulting Group'라는 사업계획서를 만들어 놓기도 했다. 그러나 교육사업이라는 본업과 거리가 있어서 접을 수밖에 없었다. 그러나 마음속에는 늘 그런 안타까운 마음이 자리 잡고 있었다.

　요즘 긱 경제 gig economy 가 뜨고 있다. 사회 환경의 변화로 인해 정규직은 점점 줄어들고 비정규직이 늘어난다는 것이다. 일반 비정규직이 아니라, 자발적 비정규직을 택하는 사람들이 점차 늘어날 것으로 보인다. 즉 특정 분야에 전문성을 가지고 있는 사람들이 특정한 프로젝트를 맡아 일을 하고 싶을 때는 일을 하고, 또 평상시에는 자기만의 시간을 맘껏 갖는 그런 상황을 원한다는 것이다. 전문성이 있는 만큼 1년에 6개월만 일하고도 생활이 가능한 수입을 올리고, 나머지는 개인적인 삶을 즐기거나 재충전을 하는 식이다.

　맥킨지 컨설팅에서 나온 보고서에 의하면 2025년이면 43퍼센트의 사람들이 긱 경제에 편입될 것으로 전망된다. 역시 IT 기술이 결합되면 긱 경제에 속한 사람들을, 그들을 필요로 하는 기업체들과 연결시켜줄 수 있다. 일종의 재능 마켓 플랫폼이다.

　그중에서도 시니어, 고급 재능을 가진 전문가들을 그들을 필요로 하는 중소기업에 연결시켜주는 것이 탤런트뱅크 플랫폼에서 하고자 하는 일이다.

중소기업 입장에서는 대기업 임원을 한 사람들의 노하우와 경험을 필요로 하지만 많은 돈을 들여 그들을 채용하고, 그들이 누리던 직급과 그에 따른 대접을 다 하는 것은 매우 부담이 되는 일이다. 필요할 때만 그들의 재능을 활용할 수 있는 시스템을 바라고 있다.

예를 들어보자. 모 화장품 관련 중소기업에서 화장품 관련 사업을 위해 베이징에 출장을 가려고 한다. 이때 아모레나 LG생활건강에서 베이징 화장품 영업을 했던 임원이 바로 연결되어 일주일간 출장을 같이 간다면 큰 도움을 받을 수 있을 것이다.

모 중소기업에서 새로운 인사제도를 만들려고 하는데, 마침 삼성 그룹에서 인사제도 혁신을 20년 동안 담당하고 퇴직한 임원이 연결되어, 두 달만 회사에 나와서 인사팀을 지도하면서 회사에 맞는 인사제도를 만들고, 인사팀원을 교육시켜 놓고 갈 수 있다면 얼마나 좋을까?

우리가 개발한 부품을 현대자동차에 납품하고 싶은데 아무런 연고가 없을 경우 답답할 것이다. 만약 현대자동차 구매담당 임원 직책에 있다가 퇴직한 분이 연결되어 한 달 동안 함께 일한다면 큰 도움을 받을 수 있을 것이다.

새로운 기계를 수입해서 작동시키는 데 초기에 어려움을 겪고 있다고 가정해보자. 해당 기술을 대기업에서 10년간 직접 핸들링해본 기술 담당 임원을 찾아서 두 달 동안 정상화시키는 작업을 같이

하면 얼마나 좋을까?

실질적인 도움을 받으면서도 장기 채용에 대한 부담이 없다면 중소기업에는 큰 도움이 될 것이다. 당연히 고위 퇴직자들에도 큰 도움이 될 수 있다. 약간의 경제적인 도움을 받을 수 있고, 무엇보다도 중간중간 일을 할 수 있다는 것이 큰 도움이 될 것이다. 50대 중반의 팔팔한 나이에 퇴직해 100세 시대를 살아가는 현실에서 일을 할 수 있는 기회만큼 좋은 것은 없다. 자신이 가진 재능으로 중소기업을 돕고 사회에 도움이 된다고 생각하면 매우 기분이 좋을 것이다.

고급 인력과 중소기업을 매칭해주는 플랫폼이 탤런트뱅크다. 국내에서 성공적으로 정착하면 해외로도 확산시킬 계획을 가지고 있다. 여기에 참여하는 시니어 중 관심 있는 분들은 해피칼리지를 통해 자신만의 대학을 만들어서 후배들에게 도움을 주는 일도 함께 할 수 있다.

물론 사업을 성공으로 이끌기는 결코 쉽지 않을 것이다. 무엇보다도 믿을 만한 전문가를 모으는 것이 절대적으로 중요하다. 신뢰가 핵심이다. 그래서 초기에는 직접 오프라인 심층 인터뷰를 통해 확실히 믿을 만한 분들만 중소기업에 소개를 시켜주는 방식을 택하려고 한다.

탤런트뱅크 플랫폼이 성공적으로 정착되면 매년 쏟아지는 수천 명의 고급 인력들이 사회에도 공헌을 하고, 경제적인 수입도 창출하고 오랫동안 일을 할 수 있도록 도울 수 있다. 그리고 여러 가지 어려움에 봉착되어 있는 중소기업에게도 큰 도움이 될 수 있다.

**기업교육도 플랫폼으로**

얼마 전 삼성인력개발원에서 인력개발원 직원들을 대상으로 에듀테크 교육 혁명 강의를 요청해서 특강을 했다. 강의 중에 "만약 내가 삼성인력개발원장이라면, 아니 고 이병철 회장이 생존해 계신다면 지금처럼 오프라인 인력개발원 따로, 온라인 교육 따로 있는 이 시스템을 그냥 두지 않고 하나로 완벽하게 통합할 것이다"라고 말했다. 세계 최고 수준의 기업에서 수십 년 전에 세운 오프라인 인력개발원은 인력개발원대로 운영하고, 온라인 교육은 또 전혀 별개로 움직이고 있는 것은 이해하기 힘든 일이다.

글로벌 선진 기업들은 대부분 자체 유니버시티를 가지고 있다. 디즈니, 애플, 코카콜라, HP 할 것 없이 자체 유니버시티를 가지고 있고, 당연히 온라인과 오프라인이 통합된 구조로 운영되고 있다. 중국 기업들도 미국의 유니버시티를 모방해 대부분의 기업들이 자체 대학을 가지고 있다. 하이얼 기업대학, 알리바바 기업대학 하는 식이다.

우리나라 재벌 기업들은 대부분 창업자들이 교육을 중시해서, 삼성인력개발원이나 LG인화원처럼 자체 오프라인 연수원을 갖고 있다. 시대의 흐름에 맞춰 이렇게 좋은 오프라인 연수원과 온라인을 하나로 통합하면 엄청난 효과를 볼 수 있을 것으로 판단하는데 아직은 그렇지 못하다. 에듀테크에서 잠깐 언급한 대로 온라인 사전 학습과 오프라인 학습을 결합시키는 플립러닝이 대표적인 케이스가 될 것이다.

기업교육과 관련해서 70:20:10 러닝 플랫폼이라는 개념이 있다. 즉 정형 교육을 통해서는 10퍼센트 정도의 실질적인 교육 효과가 있고, 코칭 멘토링이나 OJT$^{On\ the\ Job\ Training}$ 같은 비정형 교육을 통해서는 20퍼센트 정도의 효과가 있다. 그리고 나머지 70퍼센트, 즉 가장 교육 효과가 큰 것은 교육이 아닌 업무 경험을 통해 배운다는 것이다.

그럼에도 불구하고 교육 효과가 큰 비정형 교육과 업무 경험을 컨트롤할 수 없어서 교육 효과가 가장 낮은 정형 교육 과정 개발과 운영에 90퍼센트 비용을 쓰고 있다는 것이다. 물론 이 수치가 그대로 맞아떨어지지는 않을 것이다. 그러나 대체적인 개념에는 동감하는 편이다.

과거에는 어쩔 수 없이 교육 효과가 낮은 줄 알면서도 10의 영역에 집중할 수밖에 없었다는 것도 충분히 이해가 가능하다. 그러나 이제 기술이 결합되면서 기업교육도 70:20:10을 다 커버할 수 있는 플랫폼으로 충분히 발전 가능하다고 생각한다. 휴넷이 하고자 하는 것이 바로 그것이다.

플립러닝이 가능한 O2O LMS, 그리고 언제 어디서든 학습하고 또 관리할 수 있는 플립러닝 앱(휴넷의 플립러닝 앱은 '와플'이다), 그리고 휴넷의 정형, 비정형 온라인 과정들을 기업체 교육담당자와 전문 산업 강사, 오프라인 교육업체들이 자유롭게 쓰도록 할 것이다. 일종의 플립러닝 플랫폼을 만들어 활용하는 것이다. 현재 오프라인 강의를 하는 대부분의 개인 강사들이나 오프라인 전문 교육기관들은 플립러닝을 하고 싶어도 자체적으로 시스템을 구축하기 어렵다. 휴넷이 제공하는 플랫폼을 활용해, 그 안에서 플립러닝 서비스를 할 수 있도록 하겠다는 것이다.

기술의 도입으로 플립러닝뿐만 아니라 OJT와 같은 비정형 학습, 즉 현업 전문가들이 직접 콘텐츠를 생산해서 시스템에 올려 서비스하는 것도 이 플랫폼에서 가능하다(해피칼리지의 기업 버전이라 할 수 있다). 학습조직, 집단 지성, 소셜 러닝, 공동 프로젝트를 통한 학습이 모두 가능한 플랫폼이 만들어질 수 있다. 교육을 통한 학습 효과 극대화뿐만 아니라 비즈니스 성과 창출 극대화까지 모든 것이 플랫폼 상에서 이뤄지게 되는 것이다.

이렇게 70:20:10 러닝 플랫폼이 만들어져서 운영되면 대한민국의 모든 기업교육은 우리 플랫폼에서 이뤄지게 된다. 그리고 이런 플랫폼 모델을 중국, 베트남, 일본 등에서도 그대로 구현하고자 계획하고 있다.

### 콘텐츠 플랫폼, 행복한 북클럽

이외에도 향후 진행할 출판 사업도 기존 출판사처럼 단행본을 출간

하고 대형 서점을 통해 유통하는 방식이 아닌, 책을 사랑하는 독자들과 책을 출간할 수 있는 전문가들이 한데 어울릴 수 있는 플랫폼을 만들어 시작할 계획이다.

앞으로는 모든 신사업을 추진함에 있어 콘텐츠보다는 솔루션 중심으로, 솔루션보다는 플랫폼 우선으로 기획하고 진행하는 것이 우리의 기본 원칙이다. 여행과 교육을 결합시키는 에듀투어 플랫폼, 영어를 배우고 싶어 하는 사람과 가르칠 수 있는 사람을 연결시키는 전화영어 사업도 플랫폼 사업의 일환으로 구상하고 있다.

### 오픈 이노베이션과 생태계로 경쟁한다

이제는 개별 기업들끼리 경쟁하는 시대는 지났다. 플랫폼, 그리고 생태계끼리 경쟁하는 시대가 되었다. 플랫폼과 더불어 향후 가장 신경을 쓰고 있는 부분이 바로 오픈 생태계를 구축하는 일이다.

산업 강사를 포함한 전문가, 작가, 그리고 오프라인 교육업체, 콘텐츠 개발업체, 기업교육 담당자 등 우리를 도와줄 수 있는 사람들을 먼저 도움으로써 거대한 하나의 생태계를 만들어갈 계획이다, 당연히 우리 고객들도 생태계의 일환이 된다. 아이디어 공모를 통해 교육 과정 개발과 신사업 개발 과정에 고객들을 참여시키고, 소셜 펀딩은 물론 마케팅과 영업까지 고객과 함께할 수 있는 생태계를 만들어갈 것이다. 소위 오픈 이노베이션도 일상화할 것이다.

생태계 구축을 위해서는 크게 두 가지가 필요하다. 하나는 휴넷이 먼저 생태계 참가자들에게 이익이 되는 것을 해주어야 한다는 것이다. 휴넷의 행복경영 이념인 자리이타를 먼저 실천해야 한다는 것이 첫 번째다.

두 번째는 생태계 참가자들 역시 휴넷웨이를 준수해야 한다는 것이다. 윤리, 정도, 고객매우만족 원칙 등을 함께할 수 있어야만 마음에서 우러난 신뢰를 바탕으로 진정한 동반자로서 비전과 사명을 함께 실현할 수 있기 때문이다.

# 3
# 세계 일등 교육기업을 향해

### 교육도 한류가 가능하다

한류 열풍이 거세다. 언론 보도를 보아도 알 수 있지만 실제로 태국·베트남·필리핀 등 동남아, 멕시코·칠레 등 남미, 중국과 같은 나라를 직접 방문해보면 한류 열풍이 얼마나 대단한지 알 수 있다. 참으로 자랑스럽다. 조그마한 나라 대한민국의 가요, 드라마, 영화가 전 세계에서 매우 오랜 기간 동안 열풍을 지속하고 있는 것은 분명 대단한 일이다.

더욱 바람직한 것은 한류 열풍이 단순히 그 자체에서 끝나는 것이 아니라 국가경쟁력에 심대한 영향을 끼친다는 것이다. 화장품, 관광, 의료, 패션 등 한국 상품의 경쟁력을 높이는 직접적인 효과 외에도 한국 브랜드 인지도 확산과 한국에 대한 우호적 감정을 이끌어낸다는 점에서 그 가치는 실로 막대하다 할 수 있다.

이렇게 대단한 한류도 사실은 한 가수의 불가능한 꿈에서 시작되었음을 알고 있는 사람들은 많지 않다. 그 주인공은 이수만 SM엔터테인먼트 회장이다. 이수만 회장은 1970년대 영국 팝그룹의 한국 방문 공연을 보고 이런 생각을 했다. '외국 가수가 우리나라에서 이렇게 큰 인기를 얻는데 왜 우리는 그렇게 되지 못할까?'

콜럼버스의 달걀처럼, 지금 관점에서 보면 대단한 생각이 아닐 수도 있으나, 지금의 50분의 1 수준에 불과했던 당시 우리나라의 경제 사정을 감안할 때 그런 꿈을 꾸었다는 것은 실로 대단한 일이라 할 수 있다. 불가능해 보이는 꿈을 꾸는 비저너리 리더<sup>visionary leader</sup>의 참모습을 엿볼 수 있다.

이렇게 생각해보자. 1970년대에 케이팝<sup>K-Pop</sup> 한류를 꿈꾸는 것과 지금 교육한류를 꿈꾸는 것, 그중 뭐가 더 불가능해 보일까?

꿈을 꾸는 것은 자유다. 꿈은 아무리 크게 꾼다 한들 죄가 되지 않는다. 그 꿈의 크기가 미래의 크기가 된다. 한 개인의 꿈이 그 사람의 인생의 크기를 결정하고, 경영자의 꿈이 그 기업의 미래의 크기를 결정한다.

나는 우리 휴넷이 세계 곳곳에 대한민국 식의 교육, 즉 교육 한류를 퍼트리는 선봉장이 되는 꿈을 꾸고 있다. 물론 꿈만 가지고는 안 된다. 그 꿈을 달성하기 위해 오랜 기간의 노력이 쌓이고 쌓일 때 그 꿈은 비로소 현실이 되는 것이다. 이수만 회장이 1990년대 초반부터 동방신기, 보아 등 가수를 키우고 다양한 매니지먼트 시스템을 구축해온 것이 2000년대 들어 한류 열풍을 가져왔고, 그 자신감이 드라마와 영화, 한국 음식과 문화의 한류로 이어지고 있는 것이다.

대한민국의 교육열은 단연코 세계 제일이다. 그 교육열 덕분에 최빈국이었던 한국이 전 세계에서 유래가 없는 최단 기간에 경제화와 민주화라는 두 마리 토끼를 잡는 기적을 이뤘다고 해도 과언이 아니다. 그러나 교육제도와 시스템, 교육 방법론, 교육산업은 결코 자랑할 만한 수준에 이르지 못했다. 이제 4차 산업혁명 시대를 맞아 교육에 IT가 결합된 에듀테크가 급속도로 확산될 것이다. 공교육 사교육 할 것 없이 가히 혁명이라 할 정도의 거대한 변화에 직면하고 있다.

휴넷이 그 선두에 서서 대한민국 교육을 바꾸고, 세계만방에 교육한류를 확산시키는 원대한 꿈을 꾸고 있다.

### 교육한류를 향한 전략적 접근

교육한류는 매우 치밀하게 잘 짜인 전략에 의해서 수행되어야만 성공할 가능성이 있다. 휴넷이 그린 그림은 다음과 같다.

일단 제일 먼저 세계 시장에 진출하는 분야는 HRD, 즉 기업교육 분야다. 한국의 기업교육 분야는 세계적인 수준이다. 특히 교육 담당자들의 요구 수준이 매우 높다. 그만큼 한국 기업교육 서비스 수준은 높다. 거기에 휴넷이 준비하고 있는 70:20:10 러닝 플랫폼,

플립러닝과 마이크로 러닝 솔루션 등이 완비되면 세계 시장 어디에 내놓아도 경쟁력 있는 서비스가 될 것이다.

대한민국의 지식 수준은 매우 높다. 현재 휴넷 에듀테크 연구소에는 50여 명의 매우 뛰어난 직원들이 콘텐츠, 솔루션, 플랫폼을 기획 개발하고 있다. 이 인력을 2020년까지 최소 100명으로 확대할 것이다. 우리나라뿐만 아니라 중국, 베트남, 일본, 미국에서 통할 콘텐츠와 솔루션, 플랫폼을 종합적으로 기획·개발할 것이다. 물론 중국, 베트남 등 현지에서 통용될 수 있게 콘텐츠는 현지어로 개발하는 글로컬라이제이션이 핵심 전략이 될 것이다. 그 중심에서 총괄적으로 기획하고 코디네이팅하는 기능을 한국 본사 연구소에서 수행한다는 의미다.

IT 역시 마찬가지다. 앞으로 에듀테크 교육 혁명은 IT 서비스 회사가 되는 것이라고 말한 적이 있다. 2020년까지 IT 인력을 200명 규모로 확대해서 한국뿐만 아니라 중국, 일본, 베트남, 미국에서도 판매 가능한 솔루션과 플랫폼을 만들 것이다. 물론 콘텐츠와 마찬가지로 각 나라별 커스터마이징은 당연히 필수이지만, 핵심이 되는 엔진을 한국에서 만들겠다는 것이다.

결국 글로벌 교육 사업의 핵심이라 할 수 있는 콘텐츠, 솔루션, 플랫폼을 종합하여 뼈대가 되는 환경을 한국 본사에서 구축하고 이것이 글로벌 시너지를 극대화할 수 있도록 하는 것이 교육한류의 핵심 전략이다.

특히 한국에서의 HRD 교육서비스 사업에서 쌓은 다양한 경험과 노하우를 바탕으로 각국에 맞게 현지화한다면 시행착오를 줄이고 더 빠르게 성장할 것으로 믿고 있다. 예를 들어 한국에서의 플립러닝 생태계 구축 경험, 한국에서의 러닝 플랫폼 구축 경험을 가지고 중국에서 이를 원용한다면 중국 시장 확대와 경쟁기업 대비 우위 확보에 큰 도움이 될 것으로 기대하고 있다.

### 중국을 넘어 베트남, 일본, 미국으로

전 세계를 상대로 일시에 사업을 확대할 수는 없다. 무엇보다도 집중해야 할 시장은 중국이다. 지난 7년여 시행착오를 통해 이제는 중국 시장에서의 전략 방향은 명확하게 설정되어 있다. 한국 기업들의 현지 채용 인력 대상으로 전개되고 있는 사업을 중국 기업 대상으로 공격적으로 확대할 생각이다. 지금까지 탐색전 차원에서 소규모 인력으로 꾸려왔으나 2018년부터는 영업, 개발, IT 중심으로 현지 채용을 크게 늘릴 계획이다. 전국적 영업망을 구축하는 등 본격적인 중국 시장 개척에 '올인'할 계획이다.

2017년 하반기부터는 10년 앞을 내다보고 베트남 시장에 진출하기 위한 전략을 수립하고 있다. 베트남 인구는 현재 1억 명에 육박한다. 매년 경제성장률이 7퍼센트 정도를 기록할 만큼 급성장하고 있다. 1만 5,000여 개의 한국 기업이 베트남에 진출해 있다. 특히 중국의 매력도가 점차 떨어지면서 수많은 제조업이 베트남으로 이전을 서두르고 있다. 베트남 사람들은 성실한 데다가 자기계발을 중요하게 생각한다. 교육에 대한 투자를 아끼지 않는 국민성을 가지고 있다. 매우 저렴한 인건비로 우수 인재를 확보할 수 있는 장점도 있다. 대졸 우수 인재의 연봉이 500만 원이 채 안 되는 수준이다.

한 가지 걸리는 부분은 아직도 1인당 국민소득이 3,000달러대에 머무르고 있다는 점이다. 그래서 10년 앞을 내다보고 천천히 시작하려고 한다. 베트남 현지를 자주 방문하고, 제휴 대상 업체를 선정해 미팅하고, 전략을 수립하고 회사를 세우는 데 최소 1~2년은 걸릴 것이다. 그때쯤이면 휴넷의 HRD 경쟁력이 한 단계 올라가 있을 것이고 콘텐츠, 솔루션, 플랫폼 할 것 없이 완비될 것으로 믿고 있다. 중국에서의 사업도 더 확고하게 자리를 잡아갈 것이다.

만약 베트남에 진출하겠다는 의사결정을 내린다면 그 영역은 역시 기업교육 서비스가 될 것이다. 합작 사업을 할 것인지, 단독으로 진출할 것인지, 호치민을 거점으로 할 것인지, 하노이를 거점으로 할 것인지 등은 베트남을 좀 더 공부하고, 현지 방문을 하며 차차 결정하려고 한다.

일본 시장 역시 진출을 검토하고 있다. 일본은 기본적으로 HRD가 상당히 앞선 나라다. 한국보다 시장 규모가 다섯 배 정도 크다. 그러나 아직 뚜렷하게 이러닝이 발전되어 있지는 않다. 일본의 전통적 오프라인 교육기관과의 합작을 통해 기업교육 이러닝 시장에 진출할 수 있을지 깊이 있게 검토하고 있다.

마지막으로 미국 시장이다. 미국 시장은 중국, 베트남, 일본과는 다른 관점에서 바라보고 있다. 미국 HRD 시장에 직접 진출하는 것은 어렵다고 본다. 미국에는 향후 휴넷 사업에서 중추적인 역할을 담당할 사이버 대학을 설립할 준비를 하고 있다. 규제가 비교적 덜한 미국에 사이버 대학을 설립해서 한국, 일본, 중국, 동남아를 대상으로 평생교육 사업을 전개하는 것이다.

문제는 대학 교육 사업을 현재의 대학 시스템과 어떻게 근본적으로 차별화할 수 있느냐에 달려 있다. 기존 HRD 사업과는 어떻게 시너지를 낼 것인지, 무크와는 어떻게 경쟁할 것인지, 에듀테크 교육 혁명을 어떻게 적용할 것인지 등을 고민하고 있다. 또한 향후 에듀테크를 적용해 개발할 차세대 솔루션과 플랫폼을 미국 시장에 직접 판매하는 것을 염두에 두고 있다. 시험 준비 앱, 70:20:10 러닝 플랫폼(브랜드명 'LABS') 플립러닝 앱인 '와플' 등을 미국 기업들에 판매할 수 있는 방안을 마련중이다. 그리고 해피칼리지나 탤런트뱅크 사업이 어느 정도 성공적으로 자리 잡으면 미국을 중심으로 글로벌화할 생각이다. 이런 모든 것을 현지에서 총괄 지휘할 휴넷 USA를 미국 현지에 설립할 계획을 검토 중이다.

## 콘텐츠〈솔루션〈플랫폼

### 콘텐츠 세계화

원천적인 지적 재산권 확보의 어려움과 언어상의 장벽이 한국 교육

기업들의 세계 진출을 가로막는 가장 큰 장벽이 되어왔다. 이를 극복하기 위해 시간이 걸리고 돈이 들더라도 원천 콘텐츠 확보를 위한 투자를 계속해나갈 계획이다. 기술 개발 속도를 감안할 때 2020년이 지나면 자동 번역 기술이 현저히 개선될 것으로 보인다. 한국어로 된 원천 솔루션을 많이 확보해놓으면 영어, 중국어 등으로 실시간 번역되는 콘텐츠 서비스도 충분히 가능할 것으로 전망된다.

특히 게임 러닝 콘텐츠, VR 러닝 콘텐츠 등은 전 세계 어디에서든 통하므로 글로벌 진출을 염두에 두고 지속적인 투자를 통해 원천 콘텐츠를 최대한 많이 확보할 계획이다. 물론 중국, 베트남, 일본 등 현지에 특화된 콘텐츠를 현지어로 만드는 것은 당연하다.

**솔루션 판매**

에듀테크 기술이 발전하면 할수록 학습의 효과를 올리고, 시험 준비를 쉽게 할 수 있는 다양한 솔루션들이 많이 개발될 것이다. 휴넷 자체적으로도 인공지능 LMS, 시험 준비 솔루션, 콘텐츠 제작 솔루션, 맞춤형 학습 플랫폼과 같은 솔루션을 지속적으로 개발해나갈 것이다. 위에서 밝힌 바대로 코어 엔진은 한국에서 개발하되 전 세계에 판매가 가능하도록 유연하게 만들어갈 것이다.

더 나아가 굳이 자체 개발이 아니더라도 미국, 중국, 일본, 영국 같은 나라에서 속속 출현하고 있는 에듀테크 기업들과 긴밀하게 협력하거나 M&A를 통해 솔루션을 확보하고, 세계 시장에 판매할 계획도 갖고 있다.

**플랫폼 세계화**

현재 휴넷에서 개발 중인 차세대 러닝 플랫폼, LABS가 개발 완료되는 2018년 초가 되면 이 플랫폼을 전 세계에 판매하는 사업을 본격화할 계획이다.

LABS 외에 플립러닝 플랫폼 와플, 마이크로 러닝 솔루션 SAM, 플랫폼 사업 모델 해피칼리지와 탤런트뱅크도 한국에서 성공적으로 정착되면 글로벌 시장 진출을 본격화할 것이다.

이 모든 것들이 당장 하루아침에 이뤄질 수는 없다. 지금은 현실보다는 꿈에 가깝다 할 수 있다. 그러나 꿈이 없다면 발전도 없고 재미도 없다. 불가능해 보이는 꿈이, 남들이 못하는 것을 가능하게 해준다.

한국의 고유한 교육열에 에듀테크를 결합해서 세계 최고의 교육 모델, 콘텐츠, 솔루션을 만들어 세계 시장에 교육한류를 꽃 피우는 그날을 매일매일 생각하고 있다.

대한민국의 교육으로 세상을 행복하게 할 그날, 언젠가는 꿈에서 현실로 바뀌어 있을 것이다.

# 4
# 또 하나의 꿈, 경영한류

**미션 파서블(Mission Possible), 경영한류**

1989년 신입사원 시절의 꿈이 생각난다. 세계 최고 수준의 경영 전문가가 되고 싶다는…….

경영을 공부하고 실전 경험을 쌓아온 시간이 30년을 넘으면서, 그리고 행복경영에 대한 자신감이 생기면서 우리의 경영 모델을 좀 더 체계화하고 정교화하여 휴넷뿐만 아니라 다른 기업들에도 전파하고 싶다는 생각을 했다.

인재경영실 직원들을 부추겼다. 휴넷의 행복경영과 휴넷웨이를 경영상품화하여 전파하자고 도원결의(?)를 했다. 내가 책을 쓰고, 인재경영실에서 행복경영 매뉴얼을 써서 전국을 순회하면서 행복경영을 전파하자고 했다.

물론 아직까지는 부족한 점이 많다. 그러나 이렇게 마음을 먹고 일단 시작을 하면 더 잘하게 될 것이라 믿는다.

일단 시작부터 해보는 것이다. 한국에서 어느 정도 먹히고 나면 이 경영 모델을 해외에 수출할 수도 있다고 생각한다. 이른바 경영 한류다. 물론 당장 계획을 가지고 있지는 않다.

분명히 우리가 잘하는 것이 많다. 그러나 최근 들어 안타깝게도 재벌 중심의 한국적 경영 방식이 자주 도마에 오르고 있다. 과거에는 대기업이 중심이 되어 미국, 일본 등의 선진 경영기법을 배워와서 적용하면 중소기업이 따라 하는 모델이 일반적이었다. 그러나 이제 대기업에 기댈 필요는 없다. 오히려 대기업이 실리콘밸리와 중국의 유니콘 스타트업을 따라잡지 못하고 있다.

휴넷과 같은 작은 기업, 한국의 벤처기업이 실리콘밸리를 비롯한 선진기업들에서 배워올 것은 재빠르게 배우고, 거기에 한국적 특성을 적용하면 세계적인 경영 모델을 만들어갈 수 있다고 생각한다. 그 장도에서 휴넷이 선도적인 역할을 하겠다는 것이다. 한 경제신문에 경영한류를 만들자는 취지의 칼럼을 아래와 같이 기고했다.

"나는 사람을 뽑고, 배치하고, 육성하고, 평가하고, 보상하고, 내보내는 데 내 시간의 75퍼센트를 쓴다."

20세기 말 세계 경영계를 주름잡던 잭 웰치 GE 전 회장의 이야기다. 기업 경영에 있어 사람의 중요성을 강조한 말이다. 그 다음에 이어지는 대목이 흥미롭다.

"나는 이것을 한국의 이병철 삼성 회장에게서 배웠다."

강석진 한국 GE 전 회장의 설명을 듣고서야 궁금증이 해소되었다. 1981년 GE 회장에 취임한 잭 웰치는 약속한 대로 재임 중 매년 1회씩 한국을 방문했고 그때마다 이병철 회장과 두 시간 동안 경영에 관한 이야기를 나눴다고 한다. 이병철 회장이 잭 웰치 회장에게 '사람 중시' 경영을 한 수 가르쳐주었던 것이다.

실리콘밸리 기업들이 4차 산업혁명을 선도하고 있다. 위기에 빠진 한국 기업들은 실리콘밸리 배우기에 혈안이 되어 있다. 삼성, SK, 한화 등 대기업이 앞장서고 있다. 자율과 수평문화 도입이 대표적이고, 호칭과 직급 파괴가 유행처럼 번지고 있다. 모 대기업의 70대 고령 부회장께서 '회사에서 외부 컨설팅을 통해 직급과 호칭 파괴 제도를 도입하려고 하는데 그렇게 되면 나도 영어 이름으로 불리게 된다'고 곤혹스러워하는 것을 직접 본 적이 있다. '직급을 파괴하고 영어 이름으로 부르는 것이 목적이 아니라, 그간 한국 기업의 병폐로 지적된 위계와 통제 중심 경영에서 벗어나 자율과 수평적 커뮤니케이션이 가능한 조직으로 바꾸는 것이 목적이고, 그 목적을 달성할 수 있는 다양한 수단과 방법을 찾아 검토해보는 게 나을 거 같다'라고 조언해 드렸다.

과연 그동안 우리 기업들이 만들어온 모든 제도와 관행을 다 버리고, 한국인의 특성을 무시하고, 무조건적으로 실리콘밸리로 대변되는 선진 외국 기업들의 제도와 문화를 베껴오는 것만이 해답일까?

분명 실리콘밸리 기업들에게는 강점이 많다. 세상을 바꾸겠다는 사명감에 기초한 과감한 도전, 자율과 수평문화, 린 스타트업, 애자일 같은 빠른 일처리 속도, 다양성 존중, 창의성 중시, '작고 빠르게 실패하라'는 캐치프레이즈로 대변되는 실패 장려 문화 등이 실리콘밸리 기업들의 대표적 강점이다. 그러나 이 기업들에도 단점이 있다. 개인주의, 지나친 성과주의에서 오는 압박, 인간미 부족 등이 그것이다.

반면 우리 기업들의 경우 위계적 조직 문화, 명령과 통제 중심 경영 시스템, 실패에 대한 두려움, 관료제 등 시급히 해결해야 할 문제들이 많다. 당연히 우리가 가진 특장점도 많다. 홍익인간으로 대표되는 인본주의 문화, 전 세계를 여러 번 놀라게 한 바 있는 열정과 신바람, 정情과 공동체 문화가 우리의 강점이다.

 지금까지 우리 경제 발전의 원동력이 되었던 패스트 팔로어 전략은 이제 더 이상 유용하지 않다. 이제는 기업, 경제, 과학, 기술 등 전 분야에서 퍼스트 무버 혹은 트렌드 세터가 되어야만 한다.

기업 경영도 마찬가지다. 경영의 퍼스트 무버가 되면 개별 기업의 경쟁력은 물론이고 한국 경제, 더 나아가 국가 경쟁력을 제고시키는 데 있어 결정적 역할을 할 수 있다. 우리는 모두가 불가능하다고 생각했던 음악, 영화, 음식 등 다양한 한류를 만들어낸 저력이 있는 민족이다. 우리가 하기에 따라서 경영한류도 충분히 만들어낼 수 있다.

경영한류를 만들려면 어떻게 해야 할까? 무조건적으로 남을 따라 하는 대신 주체의식을 갖고 선진 기업의 장점과 한국 고유의 강점을 결합시켜 주도적으로 새로운 경영 모델을 만들어가야 한다. 한국인이 가진 정과 공동체 의식, 신바람과 끼를 자율 수평문화에 접목해야 한다. 우리 고유의 홍익인간(널리 사람을 이롭게 한다) 정신을 바탕으로 자리이타(남을 먼저 이롭게 함으로써 내가 이롭게 된다), 선의후리(먼저 의를 따르고 나중에 이익을 생각한다)의 동양사상을 경영의 핵심 이념으로 삼아야 한다. 주주보다는 고객, 고객보다는 직원 행복을 우선 추구하는 이해관계자 행복경영을 추구해야 한다. 오래된 유산legacy에 매인 대기업보다는 스타트업, 벤처기업이 오히려 경영한류의 주역이 될 수 있는 만큼 젊은 기업가들의 분발을 기대해본다.

## 고유한 경영 모델로 실리콘밸리를 넘어서자

우리는 운 좋게도 미국에서 많은 것을 배웠고, 일본 기업에서도 많은 것을 배운 바 있다. 지난 수천 년간 인류 문화의 중심 역할을 해온 중국과도 긴밀한 관계를 유지해오고 있다. 어찌 보면 강대국 사이에 포진되어 있는 것을 단점으로 볼 수 있지만, 역으로 생각하면 세계적인 강국들의 장점을 다 흡수할 수 있는 유리한 지정학적, 역사적 배경을 갖고 있다고도 할 수 있다.

이제는 단순한 외국 베끼기에서 벗어나야 한다. 일부 대기업을 중심으로 전개되는, 영혼 없는 '실리콘밸리 따라잡기' 식의 변화로는 안 된다. 직책 파괴, 자유로운 복장 도입, 유연근무제 등은 형식적인 변화에 불과하다. 주체의식을 먼저 확립하고 기초부터 새로 세워야 한다. 선진 외국에서 배워온 것들에 한국 고유의 강점을 잘 섞으면 세계 최강의 것을 만들 수 있다. 홍익인간의 이념에 한국 사람들이 가진 고유한 끼와 신바람 열정을 결합하는 것이다.

세상의 부가가치는 대부분 기업에 의해서 창출되고 있다. 따라서 경영이야말로 세상에서 가장 부가가치가 높은 상품이라고 생각한다. 미래를 선도할 수 있는 젊은 창업자들을 많이 배출하면 그 나라는 세계를 선도하는 강국이 되는 것이다. 그들에게 우리가 개발한 고유한 경영 모델, 리더십 모델을 전수하고 그것으로 세계 곳곳에서 경쟁을 하게 하자는 것이다.

우리가 가진 것은 사람밖에 없다. 경영한류, 교육한류를 바탕으로 뛰어난 경영자와 세계적인 기업을 만드는 일이야말로 가장 중요한 일이다.

경영한류를 만들고 전파하는 것은 그래서 대단히 중요한 일이다. 아직은 꿈에 불과하지만 모든 것은 꿈에서 시작된다.

교육을 바꾸고 경영을 바꿔서 살기 좋은 세상을 만드는 일, 우리 대한민국이 세상을 선도하는 일, 그것이 우리 휴넷인이 꿈꾸는 세상이다.

에필로그
# 행복한 기업을 넘어 행복한 사회로

지난 18년 동안 모든 것을 바쳐 하나의 생명체를 만들듯이 휴넷이라는 회사를 만들어왔습니다. 특히 2003년 고유의 경영 모델인 '이해관계자 행복경영 모델'을 만들고, 이를 현실에서 적용하고자 많은 애를 썼습니다.

손에 잡히는 당장의 이익을 제쳐두고 먼 이상을 추구하는 것은 결코 쉬운 일이 아니었습니다. 오랜 기간 계속된, 쉽지 않은 여정이었습니다. 모두가 어려울 것이라 했습니다. 뜻은 좋지만 실현은 불가능하다고 말한 이들도 있었습니다. 그러나 현실과의 갭이 크기에 비로소 이상이라 할 수 있습니다. '한 눈 뜨고 꿈꾸는 사람'이 되기 위해, 눈은 먼 하늘의 별을 바라보되 발은 굳건하게 땅을 딛고 서 있으려 노력했습니다.

원칙과 가치에 눈감고 현실적 목표에 집중했다면 지금보다 훨씬 더 큰 규모의 회사로 성장시킬 수도 있었을 것입니다. 그러나 행복경영 이념에 충실하고 원칙과 가치를 추구해온 덕분에 작지만 강한 회사를 만들었다고 자부합니다. 직원이 행복한 회사, 휴넷이 사라지면 슬퍼할 수많은 고객이 있는 강하고 아름다운 회사, 이해관계자 모두가 행복한 회사의 기초를 만들었다고 자부합니다.

물론 아직은 제가 만들고 싶은 회사의 모습에 비춰보면 겨우 5퍼센트 남짓 완성된 것 같습니다. 아직도 갈 길이 멉니다. 부끄러움을 무릅쓰고 용기를 내어 휴넷의 이야기를 책으로 정리해 발표하는 것은 이제 한국에도 우리 고유의 경영 모델이 생겨나야 한다는 믿음 때문입니다. 기업도 변화해야 하고 기업가도 변화해야 한다고 생각합니다. 그 답이 바로 행복경영입니다.

과거처럼 정부, 관료, 재벌이 경제를 이끌어갈 수 있는 시대는 지났습니다. 실리콘밸리와 중국의 스타트업들이 세계 경제를 선도하고 있습니다. 과거의 경험과 글로벌 선두 기업들로부터 배울 것은 배우되, 우리가 가진 강점을 극대화할 수 있는 새로운 경영 모델, 철학을 갖춘 영혼이 있는 기업 모델을 만들고 이를 함께 실천해나갈 필요가 있습니다. 문명사적 전환기에 맞는 고유의 경영 모델이 한국 기업에 확산될 때, 우리는 세계를 선도하는 강력한 나라로 발전할 수 있다고 믿습니다. 직원, 고객, 주주를 포함한 모든 이해관계자의 행복을 추구하는 경영, 그중에서도 직원 행복을 최우선으로 추구하는 행복경영이야말로 대한민국을 대표하는 세계적인 경영 모델이 될 수 있다고 믿습니다. 우리 기업 모두가 행복경영을 실천하는 그런 나라를 만들 수만 있다면 우리 대한민국은 세계 일등 국가, 모두가 부러워하는 행복한 사회로 발돋움할 것입니다.

대부분의 성인들은 직장생활을 영위하고 있습니다. 직장생활이 행복해야 직장인이 행복하고 그들의 가정과 사회가 행복해집니다. 그러나 회사생활이 행복하다고 생각하는 직장인보다 그렇지 않다고 생각하는 직장인이 훨씬 더 많은 것이 안타까운 현실입니다. 함께 일하는 직원의 행복을 최우선으로 챙겨주는, 행복경영을 실천하는 기업과 경영자가 많아진다면 당연히 행복한 직장인이 늘어납니다. 더불어 가정과 사회, 국가의 행복이 따라옵니다.

행복경영이 휴넷을 넘어 이 땅의 모든 기업에 적용되어야 할 이유입니다. 이 땅의 모든 경영자, 직장인이 행복경영의 확산에 힘을 모아야 합니다. 모두의 힘과 지혜가 합해질 때 행복경영의 이상은 실현될 수 있습니다. 행복한 기업, 행복한 직장인, 행복한 가정, 행복한 사회와 위대한 국가 건설은 꿈이 아닌 현실이 됩니다.

행복경영을 실천하는 수많은 기업과 경영자를 만드는 것, 그래서 모두가 행복한 세상을 만들어나가는 것이 제 인생의 사명입니다. 앞으로도 온 힘을 다해 행복경영을 완성해 나갈 것입니다. 더 나아가 미력하나마 '행복한 경영 이야기', '행복한 경영대학', 사단법인 '행복한 경영'을 통해 행복경영을 확산하기 위한 배전의 노력을 해나갈 것을 약속드립니다. 행복경영의 이상에 공감하는 독자 여러분, 경영자 여러분과 함께 힘을 합쳐 모두가 행복한 세상을 만들어갈 수 있기를 기대합니다. 여러분의 많은 이해와 동참을 기대합니다.

**행복 컴퍼니 휴넷 스토리**
기업은 무엇을 위해 존재해야 하는가

**초판 1쇄 발행** 2017년 11월 10일
**초판 7쇄 발행** 2023년 7월 20일

**지은이** 조영탁

**책임편집** 최일규
**교정교열** 최보배
**디자인** 장원석

**펴낸곳** 행복한 북클럽
**주소** 서울특별시 구로구 디지털로26길, 5 에이스하이엔드타워 1차 8층
**전화** 02-6220-3962
**팩스** 02-6442-3962
**이메일** with@hunet.co.kr

ISBN 978-89-90834-73-7  03320

- 잘못된 책은 구입하신 곳에서 교환해 드립니다.
- 책값은 뒤표지에 있습니다.

이 도서의 국립중앙도서관 출판예정도서목록(CIP)은 서지정보유통지원시스템 홈페이지(http://seoji.nl.go.kr)와
국가자료공동목록시스템(http://www.nl.go.kr/kolisnet)에서 이용하실 수 있습니다. (CIP제어번호 : CIP2017027242)

행복한북클럽은 ㈜휴넷의 출판 브랜드입니다.